LOS TIEMPOS MODERNOS DEL AYUNTAMIENTO DE MADRID

PRÓLOGO
José María Álvarez del Manzano

INTRODUCCIÓN
Juan Carlos Villacorta

PRESENTACIÓN
Julio Blanco Montero

Liber Factory

GRUPO EDITOR VISION NET

© 2016 LOS TIEMPOS MODERNOS DEL AYUNTAMIENTO DE MADRID
Julio Blanco Montero
© 2016 Editorial: Liber Factory
C./ San Ildefonso nº 17 28012 Madrid. España
Web: www.liberfactory.com Tel: 0034 91 3117696

ISBN Papel: 978-84-9949-824-9
ISBN Ebook: 978-84-9949-825-6
Depósito legal: M-2305-2016

Disponible en préstamo, en formato electrónico, en www.bibliotecavisionnet.com

Disponible en papel y ebook
www.vnetlibrerias.com
www.terrabooks.com

Pedidos a:
pedidos@visionnet.es

Si quiere recibir información periódica sobre las novedades de nuestro grupo editor envíe un correo electrónico a:

subscripcion@visionnet.es

PRÓLOGO

Por
José María Álvarez del Manzano y López del Hierro

Nada me apasiona más que hablar de la gestión municipal, a la que he dedicado tantos años de mi vida, profesional y personal, que conlleva una actividad tan importante como la de ser útil a tu comunidad.

Y además, hacerlo en un libro en el que vamos a coincidir técnicamente cuatro de las personas que en los últimos tiempos hemos tenido la responsabilidad de los intereses públicos de los madrileños, y especialmente dedicado a una de ellas —Esperanza Aguirre—.

Los cuatro, Concejales del Ayuntamiento de Madrid, dos Presidentes de la Comunidad de Madrid —Esperanza Aguirre y Alberto Ruiz-Gallardón—, y tres también Alcaldes de Madrid, el propio Alberto, Ana Botella y yo.

Hemos formado parte de la importante transición política que trajo la aplicación de la Constitución, y hemos colaborado muy directamente en el desarrollo de la importante actividad municipal, nada menos que en la Capital de España.

Son las Crónicas que en "El Alcalde" ha ido narrando su director, Julio Blanco, las que pondrán el acento en la gestión realizada en cada momento de la transición.

La transición propiamente dicha, empieza en la vida local con las primeras elecciones municipales, las del año 1979, que en Madrid las ganaba José Luis Álvarez, pero sin embargo, gracias al pacto de socialistas y comunistas, el primer Alcalde de la transición fue Enrique Tierno Galván, ocupando la primera Tenencia de Alcaldía, Ramón Tamames.

Pasamos a ejercer la oposición los integrantes del Grupo Popular, encabezados en un primer momento por José Luis Álvarez, y cuando éste fue requerido para ocupar la responsabilidad de Ministro en el Gobierno de la Nación, pasé yo a sustituirle.

Fue una Legislatura que rompió con muchas de las formas de hacer la gestión municipal, y en donde el Ayuntamiento, como ocurrió con todos los de España, empezó a asumir competencias que demandaban los ciudadanos, pero que no tenían respaldo legal. Así, poco a poco, fue necesario que se abriera una vía legislativa que fuera modificando las competencias municipales.

Esa necesaria asunción de responsabilidades exigía en Madrid, yo así lo creía —y lo sigo creyendo— una legislación específica de la Capital de la Nación, por la que empezamos a luchar, y que hoy existe, aunque no con la dimensión que demandábamos.

A Enrique Tierno, fallecido durante su segunda Legislatura, le sucede Juan Barranco, y a éste Agustín Rodríguez Sahagún, del que tuve la satisfacción y el honor de ser su Primer Teniente de Alcalde.

En las elecciones de 1991, al ganar por mayoría absoluta el Grupo Popular, llegué a la Alcaldía.

Durante 12 años tuve el honor de ser el Alcalde de la Capital, y desde el primer día, me dediqué con toda intensidad a representar a los madrileños y gestionar sus intereses.

Insisto en que no hay ninguna actividad tan cercana, y a la vez tan difícil, como la gestión municipal.

Todo el mundo sabe lo que ocurre en su calle, en su barrio, lo que es un autobús o el metro, o lo incómodos que son los residuos urbanos, lo importante de unas buenas festividades y la necesidad de una circulación fluida.

Pero lo que ya no es tan fácil, es organizar todo eso para contentar a la gente, formular buenas normas urbanísticas, compatibilizar horarios, recoger los residuos urbanos, ordenar la circulación, organizar fiestas que satisfagan a los vecinos pero que no molesten a los demás, tener bien iluminadas y limpias las calles, permitir el desarrollo de todos los derechos cívicos, manifestaciones incluidas, pero hacerlo sin impedir el libre uso de las calles en todo momento, entre tantos y tantos derechos y deberes ciudadanos que hay que saber compatibilizar.

Y además, hay que prever el futuro de la ciudad, cuidar la calidad de vida ciudadana en todos los aspectos, incluido el cultural, y velar por su prestigio, pues, a su vez, es la Capital de España.

También, en este tiempo de transición, crecen las demandas de ciudadanos ante la Administración más cercana y que los vecinos consideran más suya. Así, empezaron a crecer los nuevos retos a los que tienen que hacer frente las Administraciones Locales, y que siempre encuentran el dique de la escasez económica.

Siempre creí que Madrid era —y es— una de las grandes ciudades del mundo, y pensaba que los propios madrileños no tenían —ni tienen— conciencia de la clase de ciudad en la que viven; por lo tanto, lo que hice fue trabajar para que la ciudad mejorara, se modernizara y se hiciera conocer mejor.

Esa idea la tuve en todo momento y la puse en práctica, primero esforzándome desde la oposición, para que el Gobierno la llevara a cabo, y luego, en un principio como Teniente de Alcalde de Agustín Rodríguez Sahagún, y después como Alcalde, tomando las decisiones necesarias para que Madrid fuera una ciudad adecuada a su historia y a los tiempos actuales.

Me rodeé de un buen equipo de colaboradores, unos magníficos profesionales, especialmente en el equipo directo de Gobierno —Tenientes de Alcalde y responsables de Áreas—, con los que a lo largo de los 12 años de mi Alcaldía pude ir realizando muchos proyectos, terminándolos o dejándolos iniciados. Pobre del político o ejecutivo que cuando deja un trabajo —por la razón que sea— no tiene ningún proyecto en marcha.

Así formulamos un nuevo Plan de Urbanismo. Recuerdo que el anterior y buen Alcalde Juan de Arespacochaga, me felicitó y dijo: «un buen plan de urbanismo justifica una Alcaldía».

Se hizo así el Plan de Urbanismo con mayor consulta pública y más tiempo de información que se hubiera hecho hasta entonces en Madrid, y que todavía sigue vigente. No puedo olvidar los nombres de Luis Rodríguez Avial, Pedro Areitio, Luis Armada, excelentes profesionales que trabajaron con las Concejalías, y Tenientes de Alcalde, Pedro Ortiz —Concejal y arquitecto responsable del plan estratégico, que sirvió de base al Plan de Urbanismo—, Enrique Villoria, José Ignacio Echeverría e Ignacio del Río.

En el Plan se concibió el desarrollo futuro de la ciudad, y frente al Plan anterior que preveía un Madrid de crecimiento cero (visión negativa sobre la ciudad del arquitecto y también Teniente Alcalde y Consejero de la Comunidad Eduardo Mangada), había una fe en Madrid y todo un extraordinario futuro.

Aquí se pusieron las bases de muchos proyectos que, con toda seguridad, han ido reflejándose en las crónicas de "El Alcalde", pero, sin la posibilidad de enunciar todos, puedo recordar algunos de ellos. Se llegó a situar a la ciudad ante la idea de ser candidata a la organización de los Juegos Olímpicos y Paraolímpicos. El buen proyecto que se preparó para optar a la organización de los juegos de 2012, se frustró por las razones políticas ya conocidas, y así hasta en tres ocasiones.

Es el Plan donde se establece el criterio de equilibrar la ciudad, y en el que se proyecta la mejora —conseguida— de los barrios más exteriores de Madrid, el cumplimiento de los PAU's (Planes de Actuación Urgente) y, a su vez, la potenciación del centro urbano, con muchos ejes de núcleo en distinto nivel, los necesarios túneles urbanos y grandes espacios peatonales para pasear, como la Plaza de Oriente.

La preocupación por la mejora ambiental y estética de la ciudad y el cuidado de nuestras zonas verdes, fue también una constante en mi Alcaldía, por eso se plantaron tantos árboles y arbustos en la ciudad. De esta tarea se responsabilizó de modo directo, la entonces concejala de Medio Ambiente, Esperanza Aguirre.

Se impulsó, aunque no era competencia municipal —strictu sensu— la construcción de viviendas de protección oficial, a través de la Empresa de la Vivienda, y se creó la calificación intermedia entre viviendas libres y VPO, que es la de precio tasado.

Con dificultad, en este prólogo —ya demasiado largo— puedo dar cuenta de lo que intenté lograr en una extensa —en el tiempo— Alcaldía, pero no puedo pasar por alto la creación del Samur, y mucho menos ahora que su principal ejecutor —junto a Simón Viñals, concejal de Sanidad—, José Luis Gilarranz, ha fallecido. De pocas cosas estoy yo más orgulloso que de la eficacia de este Servicio Sanitario —tan reproducido en otras administraciones, incluso extranjeras— que transformó la Sanidad Municipal de modo muy favorable.

Y todo esto y mucho más, que no cabe en estas líneas, se hizo bajo el estricto cumplimiento de una Hacienda suficiente pero equilibrada, tanto en gastos como en ingresos, con imposición moderada y que nos valió una doble A positiva en la valoración de nuestro riesgo financiero.

Sin ánimo de ser exhaustivo en el relato de todo el contenido de lo hecho a lo largo de doce años, termino como empecé.

La actividad municipal no es no solo importante, sino muy gratificante para quienes quieren —queremos— haber sido útiles a la sociedad. Yo tuve la fortuna de encontrar excelentes colaboradores, grandes funcionarios muy profesionales y buenos compañeros de Corporación, a los que hay que atribuirles la responsabilidad de los logros realizados, y cuya enumeración total no me es posible ahora, pero a todos les debo mi gratitud más sincera.

Me alegra que este libro con referencias a Madrid desde las páginas "El Alcalde", esté dedicado a Esperanza Aguirre, quien durante trece años fue colaboradora mía en mis tareas municipales, ocupando por vez primera una mujer, la Primera Tenencia de Alcaldía del Ayuntamiento de Madrid. Y también que se centre esta edición en la continua referencia a otro excepcional colaborador y gran Alcalde, Alberto Ruiz-Gallardón, y a su sucesora y primera Alcaldesa de Madrid, Ana Botella.

José María Álvarez del Manzano y López del Hierro

INTRODUCCIÓN

Esta es la visión de un periodista: una sucesión de escenarios madrileños de la vida de un Ayuntamiento, el de Madrid.

La sucesión se refiere a los años que transcurren desde el final del periodo como Alcalde de José María Álvarez del Manzano, y su sucesor en el cargo, Alberto Ruiz-Gallardón, hasta nuestros días coincidiendo con la conclusión del mandato de Ana Botella.

El autor de este libro recoge en sus crónicas aparecidas en la Revista "El Alcalde", de la que es su Director, sus sensaciones de lo que él llama "los tiempos modernos del Ayuntamiento de Madrid", que constituyen un breviario, no integral pero sí lo suficientemente indicativo, de la dirección del viento, es decir, sobre el cómo se ven las cosas en un tiempo en el que se advierte la llegada de la pleamar de la inmigración, en una Puerta del Sol de la que han sido barridos los soldados y las criadas que se citaban en el corazón de Madrid, y donde puede percibirse que el flujo de los paseantes y los transeúntes es ya distinto, donde es tangible ya otra mentalidad y es diferente el rostro de la gente, lo que justifica "los tiempos modernos".

El autor ha seleccionado los párrafos que, a su juicio, dan la razón a un título que, más literario, como sería el de "La busca" de Pío Baroja, o el paralelo de "Madrid río", alude a los proyectos de sostenibilidad del CONAMA, que une desde el descampado de la pobreza al desarrollismo de José María Valverde, sustancia física y ética del alma y de la palabra de Madrid.

El libro, más que una crónica o un reportaje, es un breviario de sugestiones. Tanto valor tiene lo que se dice en los párrafos entrecortados y extraídos de las crónicas, aparecidas cada una en su tiempo, como lo que en ellas se insinúa o se transparenta, pero en cuyo fondo o en su envés puede verse lo que queda sumergido en el subsuelo de la corriente de la vida.

Está escrito por un periodista de una familia de astorganos, que lleva en la sangre el instinto de la profesión, y que para evitar las exageraciones del instinto, se sirve de la geometría, no sólo para moderar la hipertrofia de la retórica, como para huir de las alucinaciones de toda pasión, equilibrando así el esplendor y la ofuscación de las tecnologías con la luz del "stil nuovo". Su visión crítica apuesta, en todo caso, por una concordia democrática, que, en situaciones extremas, se atenúa con un suave toque de humor desenfadado, que se desprende de sus raíces genealógicas.

Repasando las páginas del libro se comprueba la sinceridad de las fidelidades sustanciales del escritor. Lo que narra en sus crónicas es lo que ha gravitado en su conciencia, y él lo dice a su manera, porque no se escribe sino lo que antes ha sido vivido, y el pensamiento escrito es otra forma de vida, porque el hombre es el animal que piensa. El autor del libro piensa sobre una maqueta, y piensa con arreglo a proporción, haciendo bailar sobre la mesa de trabajo un anillo como si fuera una peonza, la peonza del tiempo, que es también esférico, y su vara de medir es su tipómetro, que, para él, no es una medida de la proporción divina, sino de la proporción humana. Yo creo que mide la pobreza terrestre, y sirve para la mayor parte del mundo, que es el labio inmenso del cuerpo terrestre de la creación, desde el Viejo Testamento hasta los tiempos modernos.

Julio Blanco, fiel de forma insobornable a los preceptos de la Gramática de la Lengua, va escribiendo la letra de la tradición de cada pueblo y de cada práctica urbana de las aficiones profesionales de sus antepasados, hoy colgadas en sus marcos, en las paredes de un despacho que ha ido creciendo mes a mes con las palabras de su tiempo, palabras que Julio ha sabido encadenar como por arte de magia unos conceptos con otros, continuando así la historia sostenible de las virtudes originales de cada uno de los Municipios de España, e interpretando un curso que José María Valverde ha calificado, no sin motivo, de "desarrollista y pobretón".

Juan Carlos Villacorta

Dedicatoria

Para
ESPERANZA AGUIRRE,
que llevó a Astorga
el madroño de Madrid
y dejó unas flores
en la tumba de mi padre
en el cementerio local.

No es un Madrid sórdido,
sino de buena hierba.

PÍO BAROJA,
en
"LA BUENA HIERBA"

PRESENTACIÓN

"LOS TIEMPOS MODERNOS DEL AYUNTAMIENTO DE MA-DRID" —y quiero decir esto en las primeras páginas del libro— no es un tratado, ni un reportaje, sino simplemente una síntesis de las crónicas que, bajo el título de "Madrid Municipio", vengo publicando en la Revista Técnico-Informativa "EL ALCALDE", de la que soy Director, continuando la responsabilidad asumida y ejercida con notable éxito por mi padre, Alfredo Blanco Carro.

Las crónicas de las que proceden los textos, que han sido ordenados con criterios elementales según la naturaleza de las materias a las que se refieren, pertenecen a los Números de la Revista publicados entre los años que van desde 2003 hasta el actual de 2015. Son a los que yo llamo, según mi personal juicio, los "tiempos modernos", no ya sólo de una realidad cronológica, sino también como agentes de un cambio en la disposición de los elementos que han compuesto las diversas líneas de diseño de la administración del Municipio madrileño.

Creo que estos "nuevos tiempos" representan una dinámica del tiempo histórico de Madrid, generado por varias circunstancias políticas y por la irrupción de la masa de inmigrantes, que ha representado una aportación singular a la corriente demográfica, y que exigía una conformación administrativa que la absorbiera y la encauzara. Los nuevos aires están modificando usos y costumbres, y por eso ya estamos asistiendo al nacimiento de un nuevo Madrid. Las circunstancias de ese cambio son uno de los temas manifestados en el libro, ya predichos en su día por José María Álvarez del Manzano. Quiero decir simplemente que Madrid sigue creciendo a la altura del tiempo histórico.

En beneficio de mis potenciales lectores, añado que lo que he escrito en las crónicas es mi referencia personal, sin que ello altere las luces y las sombras de cada episodio del acontecer en la ciudad, ya que su Ayuntamiento es sincero espejo de su autenticidad que se deriva de las diversas corrientes que confluyen en su cauce.

Es un libro que puede servir para una comprensión del tiempo político por el que discurre la Administración Local, cuyas razones originarias siguen siendo las mismas, aunque hace que cuando cambia el cauce, el caudal nos siga pareciendo el mismo.

Finalmente, mi gratitud a cuantos han colaborado en la edición del libro y contribuyan a su difusión.

El autor

El emblemático edificio de Correos, junto a la fuente de Cibeles, ha acogido las nuevas dependencias del Consistorio madrileño.

CUESTIONES INSTITUCIONALES

Álvarez del Manzano:
Madrid es ya una ciudad moderna

En cierne de la elección de quien vaya a hacerse cargo de la Vara municipal, anticipo la dificultad añadida con la que se va a encontrar ante el trabajo realizado por el todavía alcalde, **José María Álvarez del Manzano**. A título personal, y creo que justificadamente avalado por los resultados, debo decir que estamos ante el mejor Alcalde que ha tenido Madrid, al menos de la historia reciente y en lo que uno ha conocido (…)

Madrid es ahora una ciudad moderna, mucho más equilibrada de lo que era antes en sus barrios y distritos, con unas infraestructuras dignas de admiración, y un transporte adecuado que ha ganado en calidad y que llega a una amplia capa de la población. La urbe se presenta a fecha de hoy mucho más respetuosa con el ciudadano y con el medio ambiente, con sistemas de atención a las personas mayores que se han multiplicado; servicios como el SAMUR, que funcionan a las mil maravillas y que por suerte sirve de ejemplo a otras Administraciones; con un tratamiento de aguas, cuya calificación técnica es de las más avanzadas y completas; con un mantenimiento y un equipamiento de zonas verdes, que nos han situado no sólo a la cabeza nacional, sino en puestos de privilegio a nivel mundial (…) Se nos va un gran gestor, y yo creo que algo más, porque a sus dotes profesionales añadiría su calidad humana, habiendo demostrado en muchas ocasiones una gran sensibilidad con las inquietudes de la calle, sabiendo escuchar cuando era preciso, y decidir en función de las necesidades (…) Más allá del político, encontramos a la persona que ahora nos deja un Madrid mejor…

Mayo, 2003

Declaración de intenciones del nuevo alcalde, Alberto Ruiz-Gallardón

Cumplimentados los turnos de palabra de los portavoces municipales, correspondía al Alcalde dar a conocer su compromiso de gobierno, y expuso sus intenciones (...)

Poner en marcha un nuevo modelo de gestión de lo público, articulado en torno a dos ejes: la democracia participativa y la modernización y descentralización de la Administración municipal. Al frente de cada Junta de Distrito se encontrará un Concejal y, como novedad, se creará la figura de los Gerentes de Distrito. Practicar una política de hacienda austera y transparente, que devuelva a los ciudadanos sus impuestos en forma de seguridad, cultura y cohesión social y territorial. Dar respuesta inmediata a una de las principales preocupaciones de los madrileños cual es la seguridad, mediante programas contra la delincuencia y políticas orientadas a eliminar espacios de marginalidad. Alcanzar el consenso social necesario que permita llegar al pleno empleo, para lo cual se creará una Agencia para el Empleo y se buscará el respaldo a un Pacto Local para el Empleo. Habrá un SAMUR social. En materia de vivienda, se pondrá en marcha un Plan Integral que incrementará en 75.000 la oferta de las mismas. Conseguir un modelo armónico que haga compatible ese urbanismo de desarrollo (operación Chamartín y Campamento) con un urbanismo de transformación (eje Prado-Recoletos, Matadero de la Arganzuela, reencuentro con el río Manzanares una vez que se consiga que la M-30 discurra bajo tierra, etc.). Liberar espacio público para los ciudadanos, y mejorar la movilidad. Crear un Instituto de Desarrollo Económico que fomente aún más el crecimiento de la capital. Aumentar la proyección de la cultura y el deporte en el exterior, para lo cual se pondrá en marcha la Agencia para la Cultura de Madrid, y se creará una Fundación Olímpica y un

Comité Institucional Olímpico. Promover un Consorcio para la Promoción Turística de Madrid, junto con otras instituciones. Y en definitiva, emprender un profundo proceso de innovación urbana que, sin destruir lo recibido, ayude a poner en pie un nuevo Madrid que mire a Europa, pero no para buscar soluciones, sino para ofrecer respuestas...

Junio/Julio, 2003

Herencia del todavía Alcalde, Álvarez del Manzano

El nuevo equipo de gobierno en materia de obras parece que va a continuar la inercia de años anteriores. Así, ya se han anunciado proyectos como la reforma de la Plaza de Dalí, la sustitución del paso elevado de Cuatro Caminos por un nuevo subterráneo de más de medio kilómetro de longitud, o la mejora de la circulación, que, según explicó el concejal de Urbanismo, Vivienda e Infraestructuras, Pío García Escudero, contempla hasta nada menos que 23 actuaciones, con túneles en ambos sentidos entre el Nudo Sur y el Puente de Segovia, lo que permitirá la recuperación del río Manzanares mediante un parque lineal de unos 6 kilómetros para solaz y disfrute de los madrileños. Por su magnitud y significación, probablemente sea éste el proyecto estrella de esta legislatura (...) **José María Álvarez del Manzano** continuará trabajando por Madrid desde su nueva responsabilidad como Presidente de Ifema...

Agosto/Septiembre, 2003

Especial sensibilidad de Esperanza Aguirre para la causa municipal

Esperanza Aguirre regirá los destinos de la Comunidad Autónoma durante los próximos cuatro años (...) La próxima Presidenta conoce perfectamente las necesidades y aspiraciones de nuestro Ayuntamiento, pues no en vano ha sido Concejala del mismo durante muchos años, lo que la confiere además una especial sensibilidad a la causa municipal. De hecho, uno de sus primeros gestos ha sido reunirse con el Alcalde para ofrecerse mutua colaboración institucional. A partir de ahora, el día a día dictará con benedictina paciencia…

Noviembre, 2003

La boda de nuestro Príncipe heredero

Madrid se engalana, y no es para menos. Cuando esto escribo, a punto está de producirse el gran acontecimiento real de la boda de nuestro Príncipe heredero, don **Felipe**, con doña **Leticia** (…) Son muchos años, casi un siglo, sin que nuestro país, todavía llamado España, haya vivido un enlace de estas características, y lógico resulta que nuestro Ayuntamiento se haya volcado para estar a la altura que merece. Por ello, oportuna fue la concesión de la Medalla de Honor de la ciudad, máxima condecoración de la Villa y Corte, al Príncipe, quien presumió de su condición de madrileño, y que estuvo más que justificada en el acto de imposición por el alcalde, **Alberto Ruiz-Gallardón**, en base "a la relación de complicidad" entre Madrid y la Corona…

Mayo, 2004

La Ley de Capitalidad, al candelero

Alberto Ruiz-Gallardón, actual Alcalde y antes Presidente regional, ha aireado un borrador que parece haber levantado ampollas en la institución autonómica. Aspectos, entre otros, como la cesión de impuestos, el establecimiento de un fondo de capitalidad y de determinadas especialidades del Régimen Tributario, o la demanda de una serie de competencias, han provocado diversas reacciones entre los representantes de la Comunidad. Así, mientras su presidenta, **Esperanza Aguirre**, manifiesta la necesidad de llegar a un amplio acuerdo entre todas las fuerzas políticas, algo que parece lógico y elemental, el portavoz socialista, **Rafael Simancas**, argumenta que el borrador quiebra el consenso del Estatuto de 1983; y el portavoz de IU, **Fausto Fernández**, no se ha detenido en barras y ha afirmado que estamos ante un "Plan Gallardonetxe". Todos ellos saben y reconocen que el Estatuto de Autonomía contempla un régimen especial para la ciudad de Madrid. El problema es delimitarlo y pulirlo...

Febrero, 2005

Recuerdo de Isabel Montejano

Mi recuerdo emocionado a una de las cronistas que con más conocimiento nos ha informado de la realidad municipal de la región madrileña, la periodista **Isabel Montejano**, recientemente fallecida, y que también merecería su estatua propia. Quienes la conocimos y los que la leyeron, lo sabemos...

Septiembre, 2006

Madrid preelectoral

Al margen de que sus propuestas gusten más o menos, que para eso se hicieron los colores, el más que discutido candidato comunista al Consistorio madrileño, **Ángel Pérez**, habla de que populares y socialistas ya han gobernado en el Ayuntamiento, "y lo que tenemos es lo que hay", por lo que ofrece hacer otro tipo de política, lo cual no parece que sea muy comprometido que digamos. Por su parte, el socialista **Miguel Sebastián** se va dando a conocer con ofertas como hacer peatonal una parte importante de la Gran Vía, eliminar los parquímetros de Hortaleza, o establecer el transporte público gratuito para los menores de 21 años; incluso se ha atrevido a sugerir la deportación de los inmigrantes que cometan delitos, lo cual no estaría mal siempre y cuando antes cumplan sus correspondientes penas, algo que cada vez se antoja más difícil dado como soplan los vientos últimamente (…) Y por último, el actual alcalde, **Alberto Ruiz-Gallardón**, que repite como aspirante popular, plantea su objetivo de poner "guapa" a Madrid, modernizando los equipamientos, dando mayor protagonismo a los servicios sociales y renovando los centros municipales. Todo ello, con el valor añadido de no plantearse nuevas grandes obras, como las de la M-30 (…) En éstas estamos, y la verdad es que el grado de cumplimiento permite considerar que el Alcalde está saldando convenientemente su "deuda" (…) Estamos en la recta final del proyecto más relevante y ambicioso que ha tenido Madrid en los últimos tiempos. No es de extrañar que el propio Alcalde haya manifestado que asistimos al nacimiento de una nueva ciudad, más equilibrada y sostenible…

Febrero, 2007

Discurso de investidura
de Alberto Ruiz-Gallardón

Después de una relativamente correcta campaña electoral, sólo salpicada por alguna inoportuna salida de tono en "rosa", la ciudadanía tuvo la palabra en forma de voto a la urna, y decidió lo que quería. Y lo que ha querido no es otra cosa que continuar con la política emprendida por el ya reelegido alcalde, **Alberto Ruiz-Gallardón**, quien no obstante ha manifestado que las grandes obras emprendidas en la anterior legislatura, no se van a repetir. Cierto que han generado no pocas molestias, agravadas por su prolongación en el tiempo, pero no es menos cierto que el vecino ha sabido valorar el trabajo realizado y el cumplimento fiel de la promesa hecha, olvidando fatigas pretéritas. Al menos eso es lo que han reflejado los resultados electorales en lo que a Madrid se refiere, donde el Partido Popular ha barrido materialmente, obteniendo una mayoría absoluta sin precedentes, sólo comparable con la que también ha conseguido la presidenta de la Comunidad, **Esperanza Aguirre** (...)

Sin sonrojo ninguno, todos los ediles juran o prometen, según, cumplir su misión y fidelidad al Rey (¡ejem!). Y acto seguido, a votar la elección de Alcalde, porque recordemos que todavía no es la ciudadanía quien le elige, sino los concejales elegidos por nosotros —¡con la de pactos y "trapisondas" que se evitarían con la elección directa!— (...)

Equipado ya de su autoridad como Alcalde, **Alberto Ruiz-Gallardón** aseguró que su legislatura se caracterizaría por la dedicación, la ambición y la originalidad, y que su programa estaría marcado por un importante contenido social, con principios como los de libertad y justicia (...), un proyecto abierto a todos, en el que están emplazadas otras instituciones. En este sentido, se debe completar la Ley de Capitalidad con recursos financieros. El proyecto de 2003 ha cumplido su primera etapa, con una apuesta por las zonas menos favorecidas. Ahora se va a tratar de crecer hacia dentro, mejorando la calidad de vida, la sostenibilidad, el equilibrio, etc. Se trata de que la ciudad sea el lugar de encuentro de los ciudadanos, con la pretensión de que la libertad urbana se haga real, así como una justicia social en la que el hombre sea un fin en sí mismo. Será una legislatura de arquitectura sutil, en la que el ciudadano vea un parque nuevo, una instalación deportiva, etc., donde antes no la había. La calidad alcanzará a los empleos que la ciudad genere. Se construirán escuelas infantiles y centros para mayores; se reforzará el Samur social; se sacarán 1.500 policías municipales a las calles, y otros agentes para las noches y fines de semana. Se buscará una ciudad más amable, con amplias aceras y más carriles para bicicletas y motos. El gran protagonista será el transporte público, con 30 nuevas líneas de autobuses. También habrá una gran apuesta por el deporte, con la construcción de nuevas instalaciones. En este apartado, la meta olímpica volverá a ser una ambición y una aspiración municipal. En medio ambiente, entre otras actuaciones, se plantará un millón de árboles. Todo ello, y algo más, lo cifró el Alcalde en un compromiso que se podrá empezar a valorar en el plazo de un año...

Junio, 2007

Nuevo espacio para el Consistorio

Alberto Ruiz-Gallardón instala su despacho en las proximidades de la diosa Cibeles, en el emblemático edificio de Correos de toda la vida. De esta forma, sin salir del corazón de Madrid, pues la Casa de la Villa ya lo estaba, se habilita un nuevo espacio para el Consistorio, que al parecer también es del agrado de los roedores, aunque hay quien dice que estos ya estaban antes, y que han dado la cara cuando ha empezado a removerse la tierra. Sea como fuere, de los 66.000 metros cuadrados que tiene el Palacio en cuestión, 24.000 estarán destinados a dependencias municipales, y el resto se irá remodelando poco a poco, hasta habilitarse en él un nuevo salón de plenos, un auditorio subterráneo y un aparcamiento, entre otras dependencias...

Noviembre/Diciembre, 2007

Centenario de la Gran Vía

Estamos de centenario y eso es motivo para la celebración. La Gran Vía ha cumplido cien años, y la oficialidad municipal madrileña, con S.M. el Rey **Don Juan Carlos** a la cabeza, ha rememorado su historia, que tiene de todo y para todos. Concebida como un lugar comercial, de ocio y de negocio, trataba de servir de eje de comunicación entre el noroeste y el centro de la ciudad. Desde su inauguración a cargo del Rey Don Alfonso XIII, ha conocido muchos nombres en función del tiempo histórico que nos ha tocado vivir (...) Sería en 1981 cuando se pasase a denominar oficialmente, y por primera vez, Gran Vía, así sin más, por decisión del entonces alcalde de la Villa, Enrique Tierno...

Abril, 2010

Cronistas oficiales de la Villa

Mayte Alcaraz, distinguida periodista de "ABC", ha sido propuesta por el Alcalde para ampliar el cuerpo de cronistas oficiales de la Villa, que actualmente ostentan **Enrique de Aguinaga**, **Luis Prados de la Plaza**, **Ángel del Río**, **Pedro Montoliú**, **Antonio Castro** y **Andrés Ruiz Tarazona**. Junto a ella, la propuesta se amplía a la historiadora **Carmen Iglesias** y a la también periodista **Ruth Toledano**...

Marzo 2011

Alberto Ruiz-Gallardón, tercera reelección

El día 11 de junio, la Casa de la Villa se vistió de solemnidad. Tal vez sea por última vez, pero lució sus mejores galas. No era para menos. Se iba a elegir el 231 Alcalde de la historia municipal madrileña. Y la mayoritaria voluntad ciudadana había querido que ese prurito recayese en quien ya ostentaba la Alcaldía. El popular **Alberto Ruiz-Gallardón Jiménez** ha vuelto a repetir su tercera mayoría absoluta al frente del Consistorio. Cierto que ha bajado un Concejal, pero no es menos cierto que volverá a gobernar con una cómoda y holgada diferencia: 31 Concejales para el PP (1 menos que hace cuatro años), 15 para el PSOE (-3), 6 para IU (-1) y 5 para UPyD, que irrumpe con fuerza para devolver al Ayuntamiento un cuarto grupo político desde la desaparición del CDS que lideró el que llegase a ser Alcalde de Madrid, Agustín Rodríguez Sahagún (…).

El investido Alcalde aprovechó su intervención para dar cuenta de las líneas generales de lo que llamó un programa de transformación. Y es que el propio funcionamiento municipal va a cambiar ostensiblemente en esta legislatura. De entrada, la primera novedad tiene que ver con la delegación de la Presidencia del Pleno, salvo en los actos institucionales o protocolarios que así lo requieran, de forma que su funcionamiento se va a asemejar más a lo que sería un parlamento como tal, diferenciando mejor el legislativo y el ejecutivo (…). Además, se va a reforzar el Área de Economía, Empleo y Participación Ciudadana a base de más recursos, a fin de poder facilitar la creación de 150.000 puestos de trabajo. El Área de Medio Ambiente y Movilidad tendrán una nueva configuración de competencias, desapareciendo el de Obras y Espacios Públicos. Las Artes se ocupará ahora de la gestión y programación cultural, asumiendo además lo que tiene que ver con la calidad del paisaje urbano.

Una reducción de la tasa de paro y la mejora de la calidad del aire son dos de los objetivos prioritarios de esta legislatura (…). En cuanto al medio ambiente, el Alcalde repasó una serie de logros como es la rápida adaptación a la normativa, la renovación de la flota de vehículos, la mejora del tráfico y la del aire en su conjunto, con una única excepción que es la del dióxido de carbono, de tal manera que anunció su compromiso de cumplir los niveles exigidos en este capítulo con medidas como la potenciación del gas natural, la creación de una línea de financiación para el taxi, la reducción de la circulación en la almendra central, la regulación de la carga y descarga, la creación de subvenciones para la sustitución de calderas, así como ecobarrios con energías renovables, etc...

Junio 2011

Nuevo Salón de Plenos

La nueva Casa Consistorial del Palacio de Cibeles luce sus galas al completo con la inauguración del nuevo Salón de Plenos, que tuvo como protagonista regio a **Don Juan Carlos I**. Inaugurado por el Rey, se asemeja a un pequeño parlamento con capacidad para 71 personas, cuando en la actualidad la Corporación la forman 57 concejales. Acondicionado con materiales nobles, ocupa lo que antes era la Sala de Batalla, y está presidido por un retrato de nuestro monarca. De esta manera se "jubila" así al que fuera Salón de Plenos de la Casa de la Villa, menos opulento y cómodo si se quiere, pero de una gran personalidad y que ha vivido grandes actos de la historia de Madrid. Ahora quedará para actos solemnes...

Noviembre/Diciembre 2011

Ana Botella releva en la Alcaldía a Alberto Ruiz-Gallardón

Ana Botella Serrano es la nueva y flamante Alcaldesa de Madrid. El triunfo del Partido Popular en las elecciones generales había disparado la rumorología en los mentideros de la Villa y Corte sobre la salida de **Alberto Ruiz-Gallardón** hacia algún Ministerio (...)

Los pronósticos se cumplieron, y el Alcalde cambió los aires edilicios por otros de muy altos vuelos en el Gobierno de la Nación, al frente nada menos que del Ministerio de Justicia (...)

El pasado día 22 de diciembre, **Alberto Ruiz-Gallardón** renunció al cargo de Alcalde tras haber sido nombrado Ministro de Justicia, y el 27 de ese mismo mes, día de San Juan Evangelista, **Ana Botella** era elegida por el Pleno del Ayuntamiento como primera Alcaldesa en la historia de la capital de España (…)

El listón del anterior regidor está a la vista de todos, y lo resumió muy certeramente **Ana Botella** cuando dijo que «la trayectoria de Alberto Ruiz-Gallardón al frente del Ayuntamiento ha sabido hacer realidad la extraordinaria potencialidad de esta ciudad, brillantemente precedida por su gestión en la Comunidad de Madrid. Alberto Ruiz-Gallardón es un hombre que piensa en grande, y esa ambición ha sido el motor que ha transformado nuestra ciudad, convirtiéndola en una de las más atractivas del mundo»…

Febrero 2012

Cien días de mandato

Cien días son los que ha cumplido **Ana Botella** al frente de la Alcaldía, y ya ha marcado la senda: ahorro, creación de empleo y mantenimiento de servicios son las consignas precisas para sacar la nave adelante (…). A la supresión de una concejalía en el diseño de su equipo de gobierno (que se estima que supondrá un ahorro de unos mil millones de euros), se ha sumado un Plan de Ajuste que en dos años pretende ahorrar 500 millones de euros.

Abril, 2012

La triste pérdida de Mercedes de la Merced

Gran pesar ha causado la triste noticia del fallecimiento de una gran persona por su sensibilidad, educación y buen trato, como era Mercedes de la Merced. Aportó muchísimo a la labor municipal madrileña, y además lo hizo siempre con honestidad, eficacia y eficiencia. Más tarde recaló como eurodiputada y terminó como Secretaria General de la Unión de Ciudades Capitales Iberoamericanas (UCCI), donde su trabajó también ha sido reconocido de forma unánime.

Junio/Julio, 2013

Adrián Piera e IFEMA

Un año el de 2013 que nos dejó un justo y merecido homenaje a quien fuera uno de los grandes impulsores de la Institución Ferial de Madrid, Adrián Piera, de la que fue su primer Presidente del Comité Ejecutivo. Hay que ver en lo que se ha convertido IFEMA con el paso de los años, auténtico motor de la actividad económica madrileña.

Febrero/Marzo, 2014

Candidatos a la Alcaldía 2015-2019

Hemos cumplido el primer trimestre de 2015, y ya casi vivimos los estertores de una legislatura. (…) Del actual partido de gobierno, pronto supimos que nuestra alcaldesa, **Ana Botella**, no iba a presentarse a la reelección. Y mucho más tardamos en saber que **Esperanza Aguirre** sería su relevo natural. (…) Vuelve así a la vida municipal madrileña, de la que ya fue concejala y donde siempre se mostró bien dispuesta y preparada. A la postre, una elección de mucha talla y peso político. (…) En el grupo socialista, **Jaime Lissavetzky** ya anunció en su momento su retirada, y será el economista **Antonio Miguel Carmona** quien aspire a la Alcaldía. (…) El comunista **Ángel Pérez** tampoco acudirá a su reelección como candidato, tomando definitivamente el relevo su compañera **Raquel López**. Sólo en el caso de UPyD, **David Ortega** repetirá en su propósito después de haber ejercido como portavoz estos cuatro últimos años. Esto en lo que se refiere a los cuatro grupos actualmente representados en el Consistorio, porque además, en esta ocasión, aparece con fuerza la formación de Ciudadanos, que ofrece el cartel de **Begoña Villacís**. También con posibilidades se presenta la escisión popular de Vox, con **Javier Ortega**. Y las encuestas apuntan la irrupción de un nuevo partido, que se llama Podemos, y que presentará como candidato –con la "marca" Ahora Madrid– a **Manuela Carmena** tras la retirada del politólogo **Juan Carlos Monedero**.

1er Trimestre, 2015

Una inteligente política urbanística, la reestructuración administrativa y la austeridad económica han permitido al Ayuntamiento de Madrid pasar del déficit al superávit.

ECONOMÍA, EMPLEO
Y
TURISMO

Agencia Municipal Tributaria

Segura parece la próxima apertura de una Agencia Municipal Tributaria que centralice y coordine toda la tributación local, que no es poca, modificando las distintas entidades existentes relacionadas con el cobro de impuestos y tasas de tan variopinta procedencia y categoría, que a menudo nos crea esa sensación de sentirnos exprimidos como limones...

Diciembre, 2003

Participación de las Juntas Municipales en la elaboración de los presupuestos

Está a punto de aprobarse el que las actuales Juntas Municipales van a gestionar anualmente el 11 por ciento del presupuesto del Ayuntamiento, lo que este año va a significar 350 millones de euros. La réplica la ha hecho la oposición, que estima que este porcentaje debe ser mayor, además de reclamar que la representación política se corresponda con los resultados electorales de cada uno de los distritos, algo contrario a la Ley y que además haría ingobernable la propia Casa de la Villa...

Septiembre, 2004

No se habla de financiación en la Ley de Capitalidad

En la recientemente aprobada Ley de Capitalidad de Madrid, de la que se dice que servirá para ampliar competencias y mejorar las relaciones con otras Administraciones, lo curioso del asunto es que nada se dice de cuestión tan importante como es la financiación...

Junio, 2006

El déficit del Ayuntamiento de Madrid tienen que pagarlo los madrileños

Resulta escandaloso que el vicepresidente segundo y ministro de Economía y Hacienda, **Pedro Solbes**, nos diga ahora que «el déficit del Ayuntamiento de Madrid tienen que pagarlo los madrileños», en clara alusión al gasto empleado en la remodelación de la M-30. Además de insolidario, resulta injusto, pues entonces, habrá que poner algún tipo de peaje a todos aquellos no madrileños que quieran circular por la citada vía rápida...

Septiembre, 2008

Recortes en la crisis

El Ayuntamiento de Madrid también ha sacado la muleta de los recortes: sueldos a la baja, disminución del número de coches oficiales y cambios por otros de menor gama, fusión de direcciones generales, cierre de canales de comunicación municipales, ahorros en contratos de alquiler, obras que quedan pendientes de mejores tiempos...

Junio/Julio 2010

Presupuesto a la baja

El Consistorio madrileño prepara para el próximo año un presupuesto a la baja por cuarto año consecutivo, en este caso en casi un 10%. Y es que los más de 7.000 millones de euros de déficit obligan a ello. Lo que asombra es que una cuarta parte de lo que gasta el Ayuntamiento vaya destinada a satisfacer las denominadas "competencias impropias"...

Octubre, 2010

Las acciones del Metro

Siguiendo esa pauta de reducir gastos, el Ayuntamiento se ahorrará unos 126 millones de euros al ceder a la Comunidad sus acciones en Metro, por lo que sólo aportará al Consorcio de Transportes la parte que le corresponda a su participación en la EMT...

Noviembre/Diciembre, 2011

Pago a proveedores

Es el momento de pagar. Lo dice nuestra alcaldesa, **Ana Botella**. Sus palabras, dirigidas a expertos economistas en el Encuentro Financiero Bankia 2012, debieron sonar a música celestial a los 1.704 proveedores del Ayuntamiento madrileño. Y es que la crítica situación por la que atraviesan puede tener algún arreglo gracias a la fórmula gubernamental ideada y aprobada para Municipios y Comunidades Autónomas, por la que dispondrán de 35.000 millones de euros para zanjar deudas. (...) Nuestro Consistorio tiene 16.712 facturas pendientes, por valor de 1.017,5 millones de euros, de los que 910,2 corresponden al Ayuntamiento, 30 a organismos autónomos y 77,2 a empresas municipales.

Marzo, 2012

Plan Estratégico Madrid Emprende

El denominado Plan Estratégico Madrid Emprende 2012-2015, contempla hasta 105 medidas para fomentar el empleo, que requerirá una inversión de 42 millones de euros.

Marzo, 2012

Macroproyecto EuroVegas

Compete a todos remar en la misma dirección para tratar de sacar provecho al macroproyecto ya conocido como EuroVegas, que podría crear más de 260.000 empleos, atraer a unos 5 millones de turistas más de lo habitual y generar una inversión de unos 17.000 millones de euros, con la consiguiente actividad comercial, hotelera y de servicios. (…) La decisión final está en manos de su promotor, el estadounidense **Sheldon Adelson**.

Marzo, 2012

"Pago a la carta" del IBI

El Ayuntamiento rebaja la bonificación por el pago fraccionado en dos partes del IBI del 5% al 3,5%. Se crea, al menos, una posibilidad de mantener ese 5%, acogiéndose a un pago fraccionado mayor, en más partes, que entrará en vigor en 2013, y que se le da el nombre de "pago a la carta".

Agosto/Septiembre, 2012

Comercialización y promoción del turismo

Madrid dispondrá de otros 4,7 millones de euros para la comercialización y promoción del turismo de la capital, con el objetivo global de posicionar nuestra ciudad como destino tanto de ocio, como de negocio.

Agosto/Septiembre, 2012

El coste de las manifestaciones

Los destrozos vandálicos, por el momento, no los pagan sus causantes, y ya nuestra alcaldesa, **Ana Botella**, nos ha anunciado que por estas acciones el Ayuntamiento lleva gastados en torno a los 4.000 millones de euros en las casi 3.000 manifestaciones que han tenido lugar en Madrid en lo que va de año. (…) Estremece el dato de que el centro de nuestra urbe padece una decena de manifestaciones diarias (el récord está en 41 protestas de una tacada). Eso no hay comerciante ni vecino que lo aguante.

Octubre, 2012

Crecimiento del presupuesto

Estamos saliendo de la crisis, y ello parece justificarse con un crecimiento del presupuesto municipal de un 3,4%, que irá básicamente destinado a la amortización de 870 millones de euros de su deuda y a una serie de inversiones…

Octubre/Noviembre, 2013

Saldo favorable en las arcas municipales

De aplaudir en estos tiempos que corren es la responsable gestión económica de las arcas municipales, a tenor del informe de seguimiento del Plan de Ajuste, que arroja un saldo favorable de 410 millones de euros en caja, con un superávit de más de 962 millones.

Febrero/Marzo, 2014

Tres años de gestión

En los tres años de gestión de **Ana Botella** que se acaban de cumplir, el balance ha pasado del déficit al superávit, reduciéndose la deuda en 3.000 millones de euros merced a una inteligente política urbanística, de reestructuración administrativa y de austeridad económica bajo el elemental principio de que no se gaste más de lo que se ingresa. (…) Se ha reducido el pago medio a proveedores, que según dicen está ahora en 5 días cuando antes estaba en 269.

1er Trimestre, 2015

43

La crisis ha agravado la situación
de algunas familias sin techo
y generado dramas como los desahucios,
que el Ayuntamiento ha tratado de paliar
con medidas como la puesta en marcha
de una red de viviendas solidarias.

VIVIENDA

Plan Primera Vivienda

Ha sido presentada la decimotercera convocatoria del Plan Primera Vivienda, que permitirá poner a la venta 774 pisos a precios asequibles y para personas con escasos recursos económicos. Todos ellos están situados en los PAU de Vallecas, Sanchinarro y Carabanchel, y en Usera y Villaverde (...) Evidentemente la cifra es insuficiente a tenor de las solicitudes presentadas (...) Y ahí están los datos harto elocuentes: para las 8.461 viviendas ofertadas en las trece ediciones, se han presentado alrededor de 110.000 peticiones (...) Piano, piano, se van atendiendo unas carencias sociales de primera necesidad con el halagüeño anuncio, además, del alcalde, **Alberto Ruiz-Gallardón**, de que para el próximo año se prevé construir otras 7.800 viviendas protegidas...

Enero, 2004

La acertada gestión de la EMV

Vaya por delante mi reconocimiento a la labor que ha venido realizando la Empresa Municipal de la Vivienda (EMV), que con tanto acierto presidía el concejal **Sigfrido Herráez**, y que ahora pasa a ser segundo de a bordo de la concejala de Urbanismo, **Pilar Martínez**, tras su fusión con la Empresa Municipal del Suelo (EMS). Además de las múltiples construcciones desarrolladas a lo largo y ancho de la ciudad, actuaciones como la rehabilitación de cascos históricos o la puesta en marcha de la Agencia Municipal de Alquiler y el reciente Servicio de Inspección de Viviendas, son algunos de los éxitos cosechados en su gestión, que bien merecen un reconocimiento público...

Enero, 2005

Gran labor de Sigfrido Herráez

Reflejo sólo la noticia de la dimisión de un gran edil de nuestro Ayuntamiento, que ha trabajado con eficacia y eficiencia estos últimos años en las áreas de Personal, Vivienda y Tráfico, y en los distritos de Latina y Retiro. **Sigfrido Herráez** ha hecho una gran labor, repleta de iniciativas (...) Y ahora, modesta y personalmente, reitero su valía y siento su marcha, en el convencimiento de que tarde o temprano le veremos al frente de otra responsabilidad...

Septiembre, 2005

2.000 vecinos de Madrid, sin techo

Los datos municipales nos hablan de un repunte de las personas que viven materialmente en la calle, lógicamente sin recurso alguno al que asirse (...) La actividad de Cáritas sobrepasaba su capacidad de atención (...) En Madrid hay unos 2.000 vecinos "sin techo", cifra que va en aumento con un promedio de dos nuevos por semana...

Noviembre/Diciembre, 2008

Hogar digital

El Ayuntamiento de Madrid, conjuntamente con el Ministerio de Industria, ha presentado la que puede considerarse la casa del futuro, un proyecto de "hogar digital" en el que todo se controla mediante ordenadores y pantallas táctiles (...) Nos dicen que consigue un ahorro energético del 50%... En contra de lo virtual, responde a una tecnología que ya existe en mercado, lo que haría posible su uso a quien lo demande...

Marzo, 2010

Red de viviendas solidarias

Medidas para hacer frente a la situación, con especial incidencia en la ayuda a los más necesitados, como la red de viviendas solidarias, por las que se ofrecerán pisos de la EMV en régimen de alquiler, a precios sociales de 200 euros como máximo (…).

Junio/Julio, 2012

La tragedia de los desahucios

Mal trago es el que está teniendo que pasar una amplia capa de la ciudadanía ante los desahucios de sus viviendas. (…) En la sociedad que nos hemos creado, son muchos más los que ya no sólo pierden su trabajo, sino que acaban con sus huesos en la calle.

Diciembre, 2012/Enero, 2013

La macroestación de la Puerta del Sol
supuso varios años de incomodidades
por las prolongadas obras,
pero al final ha permitido
el acceso directo del Cercanías
al corazón de la capital.
El diseño de la doble joroba acristalada
es un detalle de modernidad
junto al kilómetro cero.

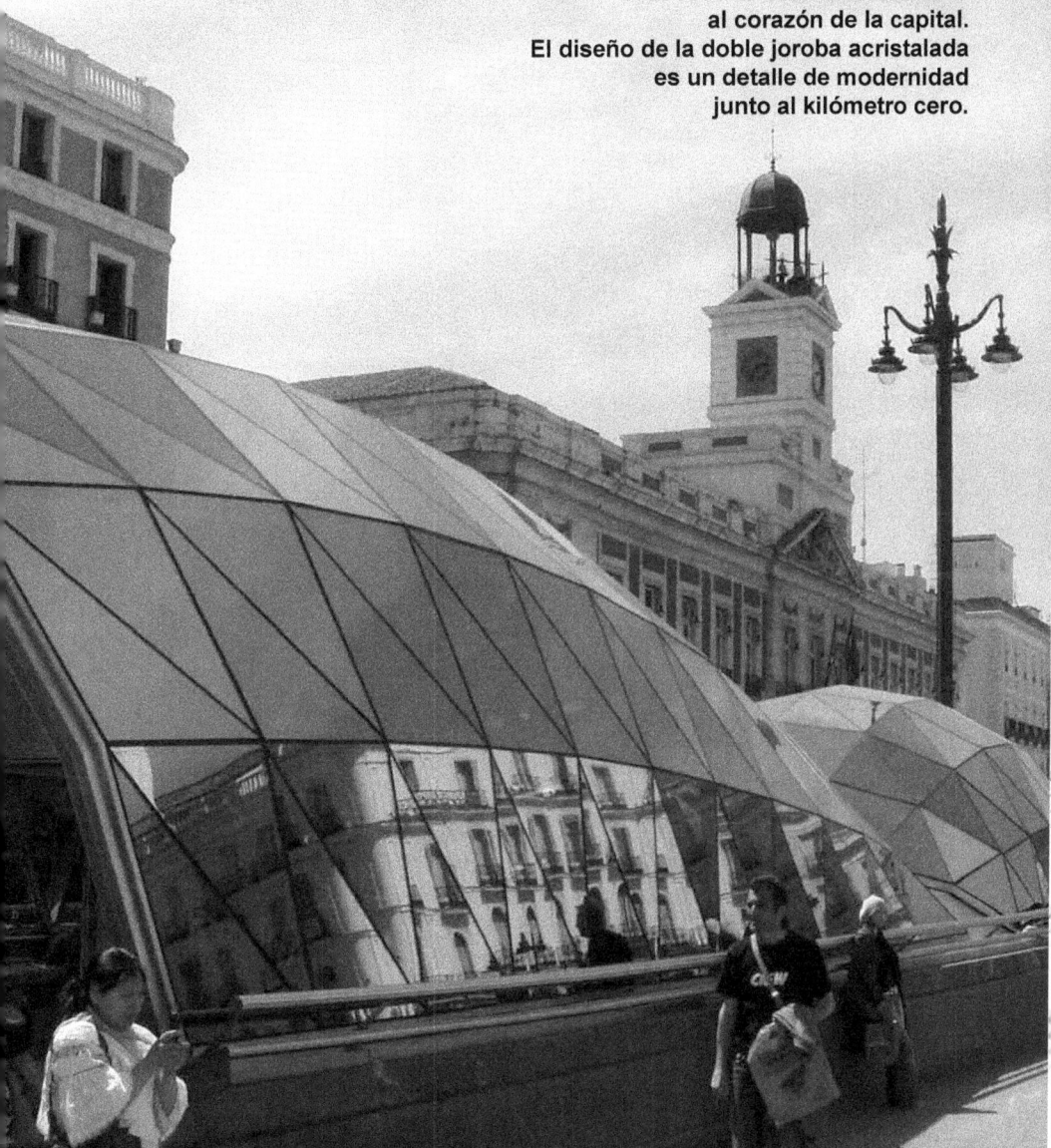

INFRAESTRUCTURAS
Y
ALUMBRADO

Posible soterramiento de la M-30, a su paso por el río Manzanares

Uno de los grandes proyectos municipales es el posible soterramiento de la M-30 a su paso por el río Manzanares, una vez realizada la cesión pertinente de titularidad de la citada vía al Ayuntamiento por parte del Ministerio de Fomento. Indudablemente, será ésta una actuación de enorme calado para la ciudad, pues permitirá recuperar un espacio lúdico y natural para solaz de los madrileños, algo que en una urbe como la nuestra siempre es de agradecer. Otra cosa distinta es el enorme coste económico que ello conllevará, calculado en unos 3.500 millones de euros, para lo cual está pensada la creación de una empresa pública...

Marzo, 2004

Prolongación del túnel de O'Donnell

Una de las muchas obras importantes que ya se están llevando a cabo en nuestra urbe es la prolongación del túnel de O'Donnell. Presupuestada en más de 22 millones de euros, y con un plazo de ejecución de seis meses, ampliará el subterráneo desde su actual embocadura hasta la calle Menéndez y Pelayo, lo que sin lugar a dudas descongestionará una zona que habitualmente registra unas altas intensidades de tráfico, evitando media docena de cruces y agilizando la salida de vehículos en dirección a la M-30 y la M-40. Además, el proyecto prevé la reordenación del propio tráfico en superficie, en el que se habilitará una mediana central ajardinada, con carriles de espera para los giros a la izquierda...

Octubre, 2004

Obras que son ya realidad

Nuestra urbe continúa su constante devenir. Y en éste nos encontramos con unas obras que nacen, otras que crecen, otras que se proyectan, y otras que concluyen (...) Cincuenta hectáreas de terreno en los más de seis kilómetros de río, en el tramo comprendido entre el nudo sur y el Puente de los Franceses, serán abarcadas por el nuevo concurso de ideas con el que se pretende reformar las márgenes del Manzanares. Un espacio que deberá ser liberado y que obligará a un cambio en el Plan de Urbanismo, para determinar el uso de ese suelo. El objetivo no es otro que recuperar las riberas fluviales para el disfrute ciudadano, a la vez que contemplar la posibilidad de introducir un sistema de transporte público turístico, así como ofrecer alternativas al tráfico en superficie (...)

El caso de la glorieta de Cuatro Caminos, recientemente inaugurada por el Alcalde, ha significado el desmontaje del viejo "scalextric", levantado allá por el año 1969. La circulación transcurre ahora bajo tierra, merced a dos túneles gemelos de 320 metros de longitud, por los que podrán cruzar más de 70.000 vehículos diarios (...) La imagen de la zona ha cambiado notablemente...

Marzo, 2005

Mejoras en el Metro

Son muchas las estaciones de Metro que están siendo sometidas a mejoras de diversa índole, pero gran parte de ellas se limitan a un lavado de imagen, cuando a lo peor adolecen de sistemas pensados para personas impedidas, como puede ser un simple ascensor...

Julio/Agosto, 2005

Marcroestación en la Puerta del Sol

Dantesca puede llegar a ser la imagen que presente nuestra emblemática Puerta del Sol, con motivo de las obras de construcción de la nueva macroestación de cercanías... Se anuncia que probablemente sólo quede en pie el simbólico Oso, y se supone que con el Madroño a cuestas, lo cual hace pensar que todo lo demás quede convertido en una enorme zanja, que obligará a cambiar, entre otras cosas, las paradas de las diferentes líneas de autobuses. Y al paso que vamos, puede que la estatua de Carlos III quede mirando a la Meca...

Septiembre, 2005

Plan para la Revitalización del Centro Urbano

Nuevos pasos subterráneos que van viendo la luz para mejora de nuestra urbe. El último ha sido el de la prolongación, en más de un kilómetro, del túnel de O'Donnell, que conecta directamente, en poco más de un minuto, la calle de Alcalá con la M-30, lo que ahorrará tiempo y dinero en el tráfico rodado, y permitirá un mayor disfrute de los espacios en superficie por parte de los vecinos (...) También serán muchos los ciudadanos que podrán gozar del entorno en zonas como el Barrio de las Letras, la Plaza de Santo Domingo, la Plaza de Cabestreros en Lavapiés, o la de Agustín Lara. Y todo ello, gracias a las actuaciones que se están acometiendo en el desarrollo del Plan para la Revitalización del Centro Urbano (...) El viandante, por otra parte, tendrá también su espacio debidamente regulado en el trayecto comprendido entre la Plaza de España con los Jardines del Templo de Debod...

Abril, 2006

El alcantarillado está obsoleto

Hemos podido ver auténticos ríos por nuestras calles, con los cortes de tráfico y Metro pertinentes, lo cual ha alertado a más de uno sobre el actual estado del alcantarillado madrileño. Supongo que dependerá de las zonas, porque como tenga razón el decano del Colegio de Arquitectos de Madrid, **Ricardo Aroca**, quien dice que dicho alcantarillado está obsoleto y que habría que cambiarlo entero, vamos apañados. Aunque ya estemos acostumbrados a esto de las zanjas, cuesta pensar en tener ahora que levantar los más de 4.000 km. de longitud que tiene nuestra red...

Mayo, 2007

Las grandes obras emprendidas, valoradas positivamente

Alberto Ruiz-Gallardón ha manifestado que las grandes obras emprendidas no se van a repetir, que han generado no pocas molestias, agravadas por su prolongación en el tiempo, pero no es menos cierto que el vecino ha sabido valorar el trabajo realizado y el cumplimiento fiel de la promesa hecha...

Junio, 2007

Cercanías hasta la Puerta del Sol

Cortada y patas arriba sigue nuestra emblemática Puerta del Sol, aunque parece que en el mes de julio tendremos finalizada la nueva estación de cercanías, causante de tanto desbarajuste. Así lo ha anunciado al menos el nuevo ministro de Fomento, **José Blanco**, lo cual dicen que produjo en el concejal de Circulación madrileño, **Pedro Calvo**, un exclamativo «¡Ya era hora!». Y es que no está mal la broma: más de cinco años de obras es mucho tiempo de incomodidades. Tendrá muchas ventajas esta nueva infraestructura a la hora de facilitar el acceso al corazón de Madrid, además de que servirá para descongestionar el tráfico de otras líneas de transporte...

Mayo, 2009

Diversas realizaciones de futuro

Encuentro, en cambio, un final de ejercicio 2009, que nos deja algunas perlas, como la apertura al peatón del Puente del Rey, que viene a ser uno de los primeros frutos del proyecto Madrid Río, y que sirve de entrada natural a la Casa de Campo. También la estatua de Colón vuelve a sus orígenes, aunque no se sepa muy bien para qué, pero ahí está, en medio del tráfico rodado. Nos deja además una nueva conquista del peatón en pleno centro de la Villa con la remozada plaza de Callao, en la que se ha eliminado por completo la circulación de vehículos a favor del viandante. Y otra en forma de prolongación, por segunda vez, del túnel de Santa María de la Cabeza, que atiende así a una petición vecinal que entendía que dividía el barrio a la altura del paseo de la Esperanza...

Diciembre, 2009/Enero, 2010

El avance de Madrid Río

Llama la atención cómo va transformándose el curso del río Manzanares en aquellos tramos soterrados al tráfico. Después del erial en el que quedó, poco a poco va recobrando un aspecto de lo más lúdico, que invita al paseo y meditación en medio de una urbe llamada a evitar todo aquello que no sean prisas y ruidos. Nuestro alcalde, **Alberto Ruiz-Gallardón**, ha procedido a inaugurar una nueva extensión en el conocido Salón de Pinos, en cuyo tramo se han plantado 1.100 nuevos árboles, 21.000 arbustos y un carril-bici de 1,3 kilómetros. Esta actuación significa que hay ya más de medio millón de metros cuadrados de superficie a disposición de los madrileños, o lo que es lo mismo, que se ha ejecutado un 40% del proyecto Madrid Río, que va a suponer la obra más emblemática para nuestra Villa y Corte…

Marzo, 2010

Remodelación de Serrano

La Villa y Corte ha estrenado calle con la remodelación de Serrano, y esa es una buena noticia después de dos años de laberintos con zanjas. Nuestra "Milla de Oro" como la denominan algunos, ha ganado sitio para el peatón, y hasta dispone de carril bici, lo cual le da un aspecto más amable…

Agosto/Septiembre, 2010

Pasarelas gemelas sobre el río Manzanares

Progresa la Operación Río para solaz de los madrileños. La última de las innovaciones tiene que ver con la instalación de dos pasarelas gemelas, bautizadas como "Constelación" por disponer de dos enormes bóvedas en las que se ha creado el mosaico más grande de Europa, elaborado con casi siete millones de teselas de vidrio reciclable. La originalidad de la obra del artista **Daniel Canogar** se complementa con su sentido práctico, uniendo los barrios de Usera y Arganzuela…

Agosto/Septiembre, 2010

El Faro de Moncloa

El Ayuntamiento se ha esforzado en renovar y revitalizar el Faro de Moncloa, que permitirá disfrutar de una panorámica sin par de la región, ya que la intención municipal es que sirva de mirador a más de 100 metros del suelo. Esta esbelta torre de comunicación, con antenas de tráfico y policía, había sido cerrada en 2005, por no cumplir con la normativa de seguridad y accesibilidad. En los dos últimos años se han llevado a cabo una serie de mejoras en iluminación, y cuenta además con una nueva escalera y un enorme panel con más de 180.000 LED de diferentes colores, que servirá para ofrecer todo tipo de información turística y de interés sobre la ciudad...

Diciembre, 2010/Enero, 2011

Mejora del entorno del Manzanares

A pesar de las dificultades económicas, el Ayuntamiento sigue adelante con la mejora del entorno del Manzanares. En cuestión de días ha sido presentada una gran explanada de zona verde sobre el soterramiento del tráfico de la M-30, y posteriormente un llamativo puente en forma de espiral, del que el alcalde, **Alberto Ruiz-Gallardón**, dijo que muy probablemente se convertirá en el icono del proyecto Madrid Río. El espectacular puente, que ha sido diseñado por el arquitecto **Dominique Perrault** —creador también de la conocida "Caja Mágica"—, se ha concebido en dos brazos que se unen sin ensamblarse a través de una plataforma central pensada para descansar y recrearse con las vistas de los alrededores. Une las calles de Antonio López, en el distrito de Carabanchel, y el paseo de Yeserías, en Arganzuela...

Marzo, 2011

Madrid Río, una realidad

Por fin es una realidad. Madrid ha recuperado de manera completa su río, o su *arroyo aprendiz de río* que dijera en su época el insigne Francisco de Quevedo. Y lo ha hecho en el plazo establecido, después de superar diferentes y complejas fases. Primero fue el soterramiento del tráfico, en una labor de laberíntica ingeniería difícil de concebir, que ha permitido "enterrar" la circulación rodada de unos 200.000 vehículos diarios en sus más de 6 kilómetros de recorrido. Con ello se eliminaba de un plumazo la contaminación acústica y ambiental de un entorno llamado para solaz de los madrileños. Pero había que lograr este segundo objetivo, lo que requería superar el aislamiento de los ciudadanos con respecto al río. Esta segunda fase debía quedar finiquitada en la presente legislatura, y así ha sido. Una veintena larga de puentes sirven de nexo de unión entre barrios de cada una de las márgenes, una red de pasarelas que ha permitido neutralizar el efecto barrera que significaba el propio cauce.

Encauzado el proyecto de metamorfosis, Madrid Río supone un amplio espacio de casi siete millones de metros cuadrados, dedicados íntegramente a zonas verdes, carriles bici, paseos, pistas deportivas y áreas infantiles. Por si fuera poco, también se ha habilitado una playa urbana, *sui géneris*, eso sí, pues no en vano tan sólo dispone de pocos centímetros de agua (...) Se han plantado miles de árboles y arbustos, y también se ha habilitado un centro cultural en lo que era el antiguo matadero...

Abril, 2011

Se recupera la "Operación Asfalto"

Llama la atención por su necesidad un plan de choque para paliar el estado de numerosas calles, que por su uso diario y falta de mantenimiento empezaban a mostrar signos alarmantes de deterioro. Para ello se destinarán 147 millones de euros, y además se anuncia la buena noticia de la recuperación, el próximo año, de la "Operación Asfalto".

Octubre/Noviembre, 2013

Nueva imagen luminosa de Cibeles

En su recta final, es de agradecer el nuevo *look* que estrenó nuestra célebre fuente de Cibeles, una vez renovado su sistema de iluminación, más funcional ahora mediante lámparas LED que ahorran energía.

Febrero/Marzo, 2014

Solución al desgaste del pavimento

Madrid afronta su recuperación, y hay cosas que empiezan a mejorar. Después de dos años suspendida por culpa de los recortes, vuelve la "operación asfalto", y con ella la mejora de nuestro pavimento circulatorio. Sin duda se trata de una decisión no sólo deseable sino imperiosa, pues se trata de nuestra seguridad. (...) De momento, el equipo de gobierno municipal madrileño tratará de poner solución al desgaste del asfalto, y ya ha anunciado que invertirá unos 38 millones de euros en los próximos tres años para renovar 1,6 millones de metros cuadrados de calzadas, otros 79.000 metros cuadrados de aceras y 91 puentes y pasarelas. Todo ello sin esperar a los meses tradicionales de julio y agosto, como antaño se hacía aprovechando el éxodo vacacional.

Abril/Mayo, 2014

La conclusión del proyecto Madrid Río
ha representado un hito para la ciudad,
no sólo por la enorme labor de ingeniería
llevada a cabo en infraestructuras,
sino también por la recuperación del cauce fluvial
como espacio natural para el disfrute de los ciudadanos.

MEDIO AMBIENTE
Y
SERVICIOS A LA CIUDAD

Contra el exceso publicitario

Otra aportación que se pretende llevar a cabo en 2004, es la encaminada a inspeccionar y detectar aquellos elementos publicitarios que no cuenten con la pertinente licencia. No es para menos a tenor del gran paisaje divulgativo que ofrece la vía pública en la zona centro, donde proliferan los anuncios de diversa índole y en forma de enormes lonas ante las fachadas de edificios en rehabilitación. Claro, que mejor eso que tener que ver el andamiaje en su desnuda estructura. La Concejalía de Medio Ambiente y Servicios para la Ciudad, de la que es responsable **Paz González**, desarrollará un Plan Director a fin de regular el porcentaje de este tipo de reclamos (...) En esto parece que el acuerdo es total entre los diferentes grupos municipales, pues tanto el socialista **Pedro Santín**, como la comunista **Inés Sabanés**, han manifestado la necesidad de poner coto al exceso publicitario, así como la de reactivar la Comisión de Estética, para limitar el impacto visual...

Diciembre, 2003

Los ruidosos vehículos de limpieza

Mejor idea, y seguimos con los servicios de limpieza, es la que ha tenido nuestro Ayuntamiento al establecer unos nuevos horarios nocturnos, sobre todo en lo que se refiere a la utilización de potentes máquinas aspiradoras, porque sólo quien vive próximo a uno de los parques de limpieza, sabe el "guirigay" que se monta cada vez que sale a la calle, de noche, un turno de trabajo. Por eso, es plausible la decisión de restringir los ruidosos vehículos, aunque sólo sea entre las 23 horas y las 7 de la mañana, que tampoco es tanto cuando se trata de respetar el vecinal descanso...

Enero, 2004

Brigadas móviles de limpieza

El Área de Medio Ambiente ya tiene proyectado poner en marcha unas "Brigadas móviles de limpieza", cuya misión será la de acometer la asepsia de aquellos lugares que de manera singular aparezcan más sucios, una vez que se establezcan los espacios afectados, previo informe de las Juntas de Distrito (...) En coordinación con éstas se han elaborado unos planes de renovación integral de servicios, que tendrán por finalidad atender y mejorar aquellas zonas especialmente degradadas en materia de subsuelo, pavimentos, mobiliario y alumbrado...

Enero, 2004

Restauración de zonas verdes degradadas

Muy atractivo parece el Plan de Restauración de Zonas Verdes Degradadas que ha presentado la concejala de Medio Ambiente, **Paz González**, por el que se van a acometer más de 250 actuaciones para mejorar los espacios ajardinados de los 21 distritos de Madrid. De esta forma, parques y jardines históricos, zonas vegetales singulares, taludes, rotondas, glorietas, medianas e isletas verán restablecida su fisonomía, algo que en una ciudad como la nuestra siempre es de agradecer...

Abril, 2004

Sostenibilidad medioambiental y voluntariado ambiental

La idea en favor de la sostenibilidad medioambiental está incluida en la denominada Carta Verde Madrid 2012, presentada recientemente por el Alcalde, y que contempla otras actuaciones, como la puesta en marcha de un voluntariado ambiental, a fin de extender las buenas prácticas ecológicas a todos aquellos que acudan a los diversos acontecimientos deportivos. Además, se establecerá un sistema integral de edificación sostenible y se fomentará el transporte no contaminante. Todo ello exigirá un exhaustivo control de seguimiento, para lo que se pondrá en marcha un observatorio de sostenibilidad...

Febrero, 2005

Exceso de ruido

Más de la mitad de los madrileños vivimos con exceso de ruido, tal como se desprende de un estudio realizado por el propio Ayuntamiento, en cuya Unidad de Protección de Medio Ambiente de la Policía Municipal se reciben una media de 5.000 llamadas de vecinos, denunciando el exceso de decibelios, un hecho que se agrava en los meses de verano...

Julio/Agosto, 2005

Agua para Madrid

El Gobierno municipal cede al Gobierno regional la gestión del agua de nuestra ciudad. De esta forma, durante los próximos 25 años, el Canal de Isabel II se encargará no sólo del abastecimiento, que ya lo venía haciendo, sino también del sistema de saneamiento, con sus cerca de 4.000 kilómetros de alcantarillado, así como de la depuración de tan preciado líquido. Eso sí, el Ayuntamiento mantiene la titularidad de las instalaciones, como es el caso de las ocho estaciones depuradoras de Madrid (Las Rejas, Valdebebas, Sur Oriental, Sur, Butarque, La China, Viveros y La Gavia), y además recibe la nada despreciable cifra de 700 millones de euros...

Octubre, 2005

Protección del arbolado urbano

En seco y de raíz parece querer frenar el Gobierno regional el problema de las talas indiscriminadas de árboles. Para ello, ha aprobado un proyecto de ley de Protección del Arbolado Urbano, que prohíbe las citadas actuaciones, si bien establece que cuando por razones técnicas sea imprescindible talar ejemplares adultos, deberán plantarse tantas unidades como años tuviera el árbol cortado; y si se desconociese su edad, deberá procederse a la plantación de medio centenar, siempre de la misma especie (...)

Una polémica se ha suscitado en Madrid con motivo de las obras de la M-30, que va a suponer la retirada de más de 8.000 árboles, y que ha llevado a la oposición socialista a solicitar la creación de la figura del Defensor del Árbol, una propuesta que fue rechazada por el equipo de gobierno y contestada por la concejala de Medio Ambiente, **Paz González**, quien aseguró que los mejores defensores son los técnicos municipales...

Octubre, 2005

Estudios de impacto medioambiental

Alberto Ruiz-Gallardón se ha apresurado a anunciar que se acometerán estudios de impacto medioambiental en tres de los proyectos que aún faltan por ejecutarse, que no deja de ser justo lo que se le pedía, pero contemplado en el conjunto de la obra (...) Lógico es pensar que, si era de ley, se deberían haber hecho en su día los citados estudios, como que ahora ya no es el momento más adecuado para paralizar los trabajos, dado el avanzado estado de los mismos, próximos a ver la luz...

Junio, 2006

Homenaje al SAMUR

Rehabilito la memoria y rindo homenaje a los 15 años de existencia del SAMUR, que tanto bien nos sigue proporcionando en su difícil tarea de salvar vidas...

Septiembre, 2006

El cierre de la Casa de Campo

Desde el Consistorio se ha dicho que el cierre de la casa de Campo era una decisión en firme desde hacía tiempo, cuya ejecución se había demorado hasta la conclusión del juicio por los atentados del 11-M (...) El citado cierre ha causado múltiples incomodidades a numerosos conductores procedentes de Ayuntamientos como Boadilla del Monte y Pozuelo de Alarcón...

Julio/Agosto, 2007

El retraso burocrático

Lo que no se sostiene ni por asomo es el retraso burocrático en no pocas de las gestiones que el ciudadano común, de a pié, debe realizar puntualmente ante la Administración (...) En plena era que se dice de las nuevas tecnologías, es un insulto a la inteligencia que alguien deba perder el tiempo por horas, o ir de ventanilla en ventanilla como si de oca a oca se tratase (...) Como tampoco es lógico que una masa ingente de inmigrantes esté haciendo largas colas en pleno centro de la capital, y que además hasta sus aguas menores deban evacuarlas en las proximidades de un parque infantil, por falta de vigilancia y de urinarios al efecto (...) Si desde las páginas de "El Alcalde" estamos contando, mes tras mes, los múltiples avances que se producen en el mundo de las nuevas tecnologías, bueno sería que además se aplicaran, con carácter general, para el gran público, citas previas desde un teléfono y cosas por el estilo...

Septiembre, 2007

Cuerpo de Agentes de Parques

Es más que plausible la creación de un nuevo cuerpo funcionarial, cual es el de los Agentes de Parques, cuya misión será la vigilancia y custodia de nuestras zonas verdes, algo que se me antoja muy necesario ante la efervescencia de actos vandálicos al que son sometidos estos espacios públicos. Dependientes del Área de Medio Ambiente que dirige la concejala **Paz González**, tendrán presencia todos los días de año. Están considerados agentes de la autoridad, por lo que tienen capacidad para sancionar infracciones, desempeñando también labores informativas y de orientación al ciudadano. Por el momento, son 39 efectivos los que han entrado en funcionamiento, a modo de pruebas, que se ocuparán del buen uso y disfrute del Retiro. Se recupera así una figura histórica, como era la de los antiguos guardas, aunque, eso sí, adaptada a los tiempos actuales…

Octubre, 2006

Vehículos eléctricos

Alberto Ruiz-Gallardón ha anunciado en diferentes ocasiones que los coches de gasolina y los vehículos diesel tienen fecha de caducidad para que puedan circular por el centro de la ciudad. En quince años estos vehículos estarán desterrados del casco urbano (…) Nuestro Consistorio ya ha presentado redes de suministro eléctrico para coches dotados de baterías, que permitan su recarga (…); tiempos de cambio para hacer frente a la escasez y carestía de los recursos energéticos fósiles, y ya de paso limpiar un poco la atmósfera…

Mayo, 2010

Plan de acción contra el ruido

El exceso de decibelios que torpedean nuestros oídos a diario puede verse cercenado con la reciente aprobación del Plan de Acción en materia de Contaminación Acústica de Madrid, que entre otras medidas contempla la de aumentar el número de espacios a delimitar como "Zonas Tranquilas", así como la de ampliar el mapa a lugares de ocio nocturno...

Mayo, 2010

XX aniversario del SAMUR

Algo para celebrar es el 20 aniversario de la creación del Servicio de Asistencia Municipal de Urgencia y Rescate, que dicho así no suena tanto, pero que por sus siglas está plenamente integrado y reconocido en la vida diaria de los madrileños. El SAMUR fue una feliz iniciativa que se puso en práctica en 1991, bajo la presidencia de aquel gran alcalde que fue **José María Álvarez del Manzano**, siendo concejal de Sanidad y Consumo el Dr. **Simón Viñals**. El nuevo servicio supuso el paso del traslado de los heridos sin más, a su rápida atención en la vía pública, sin tener que esperar a llegar a un centro hospitalario. Todo ello, además, en un tiempo récord de asistencia. El transcurrir del tiempo ha permitido algunas mejoras logísticas, llegándose en la actualidad a una sede central, 21 bases operativas, 190 vehículos y alrededor de 2.500 voluntarios de Protección Civil. Y lo que es más importante, ha permitido salvar miles de vidas...

Abril, 2011

La no recogida de basuras en festivos

La falta de medios ha llevado a nuestro Consistorio a plantearse la posibilidad de no recoger las basuras todos los días, y ya la alcaldesa, **Ana Botella**, ha anunciado que quedarán eximidos de esa labor los domingos y festivos, en una medida que entrará en vigor a partir del próximo mes de enero. Con esta decisión, dicen, el Ayuntamiento ahorrará 9 millones de euros, y la tasa impuesta a los ciudadanos podrá bajar un 5%. Vuelve a ser cuestión de concienciarse para ensuciar menos.

Junio/Julio, 2012

Aparece la mototaxi

Surge ahora la figura de la mototaxi, un servicio en clara competencia con el taxi de toda la vida, que aún está sin regular, pero que no es ilegal. Entre sus ventajas figuran la velocidad entre el tráfico y su menor coste económico (dicen que casi la mitad), aunque no pueden equipararse en comodidad y seguridad.

Octubre, 2012

Vuelve "Tío Pepe"

El que ha regresado para quedarse ha sido nuestro tradicional "Tío Pepe". No ha ocupado el lugar que siempre ostentó en las alturas de la Puerta del Sol, pero al menos le tenemos presidiendo junto a los monumentos de Carlos III, Mariblanca y el Oso y el Madroño. Y frente al fino icono de la botella, el emblemático reloj de la sede de la Comunidad de Madrid dando, como siempre, las campanadas al mundo, gracias al altruismo de un ilustre relojero leonés llamado José Rodríguez Losada, que tuvo a bien construirlo y donarlo al Municipio de Madrid. Ahora, 148 años después, el Ayuntamiento ha reconocido aquel gesto, aprobando una propuesta para dedicar una calle o plaza al relojero Losada.

Abril/Mayo, 2014

Nuevas y modernas marquesinas

Existe el proyecto de renovar las más de 4.000 marquesinas de autobuses que tiene la ciudad. La próxima adjudicación tendrá una vigencia de 13 años, y al Ayuntamiento no sólo no le costará nada, sino que obtendrá por ello unos ingresos de 150 millones de euros. (...) Entre estas nuevas marquesinas habrá más de medio millar dotadas con relojes-termómetros, otro centenar contará con wi-fi gratuito, además dispondrán de iluminación y serán antivandálicas.

Abril/Mayo, 2014

Favorecer el uso de la ciudad a los vecinos
y dar preferencia al peatón sobre el tráfico
son los argumentos esgrimidos
para establecer áreas de prioridad residencial,
como es el caso del Barrio de las Letras.
En la imagen, la plaza de Santa Ana.

MOVILIDAD, CIRCULACIÓN, TRANSPORTE
Y
NUEVAS TECNOLOGÍAS

Los famosos bordillos

Ensombrecida se muestra la idea de volver a instalar los famosos bordillos en todos los carriles-bus. Bautizados en 1987 como "borde de Medel" por ser el entonces concejal socialista **Valentín Medel** quien los puso en práctica, ya entonces recibieron numerosas críticas por el peligro de accidente que podían originar en la circulación. Ante esta inseguridad vial en la mismísima calzada, el gobierno municipal popular los retiró en 1989, cuando accedió a la Alcaldía. Desde entonces, se han intentado diversas soluciones para que los citados carriles fueran respetados por el tráfico privado: conos, balizas abatibles, ojos de gato, etc. Ni qué decir que el éxito de tales medidas disuasorias fue prácticamente nulo (...) Ahora, diecisiete años después, se vuelve a las andadas, aunque sea, como ha explicado el concejal de Tráfico, **Pedro Calvo**, en una versión más sofisticada: de hormigón aligerado, redondeados y sin aristas, lejos de aquellas plataformas que servían a los propios peatones de acera intermedia entre el carril y el resto de la calzada. Serán 78 kilómetros de bordillo, que protegerán el paso de 53 líneas de autobuses...

Marzo, 2004

Radares en la M-30

Sombrías, y hasta discutibles, pueden parecer las nuevas medidas sancionadoras que ha puesto en marcha el Ayuntamiento, mediante la instalación de radares en la M-30. Dice nuestro vicealcalde, **Manuel Cobo**, que el objetivo del Ayuntamiento es evitar que se superen los límites de velocidad y no recaudar por este concepto, aunque, digo yo, que no es esa la impresión que cunde (...) Una cosa es ir cortando el viento, y otra es limitarlo al absurdo y que el aire casi te empuje. Pero es lo que hay, y habrá que adaptarse. Lo que clama al cielo es que encima, como si fuera "pitorreo", tenga uno que leer, en uno de sus paneles informativos, eso de "Modere su velocidad", ¡en plena retención de salida de Semana Santa!...

Abril, 2004

Área de Prioridad Residencial

Según nuestro alcalde, **Alberto Ruiz-Gallardón**, la idea bautizada como Área de Prioridad Residencial, podría extrapolarse a otros barrios de la ciudad de similares características al Barrio de las Letras, a tenor de un estudio que está realizando la Oficina de Centro (…) La filosofía que subyace detrás de este tipo de medidas es, según nuestro regidor, favorecer en el uso de la ciudad a los vecinos del lugar y dar preferencia al peatón sobre el tráfico…

Septiembre, 2004

Récord de multas
por infracciones de tráfico

Directos al grano van nuestros representantes municipales en tareas sancionadoras de tráfico. Y no les va nada mal la cosa, a tenor de las cifras registradas el pasado año, en el que se ha batido el récord de multas, superando el anterior ejercicio en un 42%, con una recaudación superior a los 50 millones de euros. Los datos facilitados por el concejal de Seguridad, **Pedro Calvo**, hablan de una media de 13.500 sanciones diarias, principalmente debidas al exceso de velocidad, el aparcamiento prohibido, la falta de uso del cinturón de seguridad o del casco, y la utilización del teléfono móvil…

Enero, 2005

Estacionamiento regulado
y telefonía móvil

El vicealcalde, **Manuel Cobo**, justifica la nueva Ordenanza de Circulación que el Ayuntamiento está elaborando, y que vendrá a sustituir a la vigente desde 1988. Entre las novedades que va a presentar, figura la invasión de parquímetros por toda la ciudad, ampliando así el conocido Servicio de Estacionamiento Regulado (SER). En este sentido, además, se establecerán cinco áreas de estacionamiento: alta rotación, ámbito sanitario, ejes comerciales, áreas de espectáculos públicos y prioridad residencial (...)

Me parece bueno el servicio que ha puesto en funcionamiento la EMT, a través de la telefonía móvil, que permitirá al paciente usuario poder conocer el tiempo de llegada del siguiente vehículo. Para ello, eso sí, deberá enviar un mensaje SMS, que será contestado en el plazo de 20 segundos, y que costará la módica cantidad de 15 céntimos de euro, es decir, unas 25 pesetas de las antiguas (...) De todas formas, mejor sería que se generalizase este mecanismo directamente en los paneles de las propias marquesinas, algunas de las cuales disponen de ellos, y que informan puntualmente del tiempo de llegada...

Abril, 2005

Cerca de 4 millones de vehículos en Madrid

Hemos podido saber por un estudio realizado, que en el ámbito de la Comunidad de Madrid existe la nada despreciable cifra de 3,6 millones de vehículos, que colocados todos en línea, completarían una longitud superior a los 13.000 kilómetros, es decir, que sobrepasaría la distancia que hay entre Madrid y Tokio. Y si los apiláramos unos encima de otros, la torre resultante superaría los 6.300 kilómetros de altura; o que todos ellos aparcados en superficie, ocuparían la totalidad del espacio comprendido por los distritos de Arganzuela, Centro, Retiro y Salamanca...

Septiembre, 2005

Los buhómetros

Ha entrado en servicio una flota de autobuses nocturnos, denominada "buhómetros", que reproducen en fin de semana y en superficie, los trayectos de lo que son las doce líneas del suburbano, durante las horas en las que éste cierra. En total son 104 vehículos, que se suman a los otros 120 "búhos" que circulan por Madrid. Sinceramente, creo que es tan plausible como necesaria esta iniciativa del Gobierno regional, después de la falta de acuerdo al que en su momento no se llegó con los sindicatos del Metro, para que fuera este medio de transporte el que permaneciese abierto toda la noche. Era una deuda electoral que puede evitar muchos accidentes de tráfico, principalmente entre la juventud y por motivo del alcohol...

Mayo, 2006

Senda peatonal con carril bici en la orilla del Manzanares

Continúan las iniciativas destinadas a recuperar nuestro aprendiz de río Manzanares. Ahora se acaba de presentar el tercero de los proyectos, consistente en la construcción de una senda peatonal con carril bici, de unos 8,5 kilómetros, entre la presa de El Pardo y el puente de la M-40, que estará concluida para el mes de diciembre. Ello se viene a sumar al plan de infraestructuras que se está ejecutando en el propio río, con una amplia red de colectores y estanques que posibiliten tratar el agua de lluvia antes de que alcance el cauce...

Septiembre, 2006

La reforma de la M-30 ha sido positiva

El estudio de la M-30 ha sido elaborado por el Gobierno Local, analizándose las condiciones atmosféricas, acústicas, geológicas, hidrológicas de la vegetación y la fauna, del patrimonio cultural, económico y del paisaje; y resulta que la obra en cuestión, en los 15 proyectos denunciados, ha sido "positiva". Y hasta "efectiva" habría que añadir, desde la entrada en funcionamiento de los 16 nuevos radares instalados en los túneles, que como media vienen "cazando" a unos 1.500 conductores diarios, lo cual no está nada mal a la hora de hacer caja...

Abril, 2008

Ribera fluvial en el entorno del Manzanares

Historia distinta es la que se está diseñando en el entorno del Manzanares, con el proyecto "Madrid Río", que pretende regenerar la superficie ganada tras el soterramiento de la M-30. Se trata de uno de los proyectos más importantes de la actual legislatura, al intentar recuperar la ribera fluvial para el disfrute del ciudadano madrileño. Por el momento, en menos de un año, los 550 metros de longitud del denominado Salón de Pinos, frente al estadio Vicente Calderón, se van a prolongar en un corredor verde de dos kilómetros, a lo largo del cual se plantarán más de 3.100 árboles, tal como ha explicado el propio Alcalde. Además, se va a ajardinar el entorno de la glorieta de San Vicente, que servirá de conexión natural entre el centro de la urbe y la Casa de Campo, y se construirán dos pasarelas gemelas para unir los distritos de Usera y Arganzuela...

Julio/Agosto, 2008

Web en tiempo real

Con tanto acontecimiento que tiene lugar en nuestras calles, bien está la iniciativa presentada por el concejal del Movilidad, **Pedro Calvo**, de crear una página Web para informar en tiempo real de la situación del tráfico, y ofrecer todo tipo de itinerarios y medios alternativos tanto a peatones como a conductores. Se llama informomadrid.es, y esto sí sirve de mucho...

Agosto/Septiembre 2009

Metro mejor equipado

Mucho más positivo es el anuncio de las mejoras que se van a introducir en el suburbano. Nuevos trenes, mejor equipados, con vagones más amplios, con videovigilancia y seguridad, adaptados para discapacitados y bicicletas, e incluso con pantallas de entretenimiento (...) La mejoría en los últimos años es evidente...

Marzo, 2010

Nuevo autobús "exprés"

Con motivo de la celebración de la Semana de la Movilidad, el Alcalde ha presentado un nuevo autobús "exprés" que unirá Atocha con la T4 del aeropuerto de Barajas, pasando por Cibeles, O'Donnell, la T1 y la T2 (...) Y otra novedad de la flota de la EMT es la posibilidad de conectarse a Internet vía Wi-Fi, de forma ilimitada...

Agosto/Septiembre 2010

Apuesta por la bicicleta

Nuestra urbe apuesta por el sano deporte de la bicicleta. La responsable de Medio Ambiente y Movilidad, **Ana Botella**, ha anunciado la próxima puesta en marcha de las obras de construcción del nuevo eje ciclista que atravesará la calle de Alcalá, la Puerta del Sol y la calle Mayor, para conectar con Madrid Río. En total serán cerca de 5 km., que se irán a unir a los otros 265 existentes en O'Donnell, el entorno del Manzanares y el Pasillo Verde Ferroviario, en la que será una iniciativa que se va a incluir en el Plan de Calidad del Aire, diseñado para reducir la polución en la ciudad...

Octubre 2011

Vodafone Sol...

No menor es la decisión de cambiar el nombre de las estaciones y hasta de las líneas de Metro, tal como se ha aprobado que se haga a partir del 1 de junio, (...) y es que la firma Vodafone va a anteponerle su nombre a nuestra céntrica parada de Sol y a posponérselo a la línea 2 en su integridad. (...) Hay que reconocer que puede tener su incidencia positiva para los usuarios del suburbano, pues con los tres millones de euros que ingresará el Consorcio hasta el año 2016, que es el tiempo de vigencia del contrato comercial, no será necesario subir las tarifas del billete.

Abril/Mayo, 2013

La presencia de la Policía en las calles,
gracias a su preparación y capacitación,
es la mejor garantía
para disuadir a la delincuencia
y mantener la seguridad de los ciudadanos.

SEGURIDAD
Y
SERVICIOS A LA COMUNIDAD

Campaña de Seguridad:
Operación Verano

Muy significativa también es la campaña de seguridad que ha puesto en marcha el Ayuntamiento, que bajo la denominación de "Operación Verano", pretende velar por la tranquilidad de los madrileños y de los turistas que nos visiten. Al hilo de esto, no estaría de más que hubiese otra "operación primavera-otoño-invierno", pero es lo que hay. Y lo que hay es que además de algunas patrullas a caballo de la Guardia Civil y de la Policía Nacional, otros 700 policías municipales estarán en las calles, a pié de obra, vigilando a trileros, carteristas y grupos de mal vivir de nuestra fauna urbana, amantes del engaño y de lo ajeno. Además, se ocuparán también de la mendicidad, el "top-manta" y el "botellón". Mucha labor, me parece a mí, para tan pocos efectivos, pero por algo se empieza...

Julio/Agosto, 2004

Inseguridad ciudadana

En el distrito de Villaverde un joven ha perdido la vida apuñalado por un colombiano. No es un hecho aislado, porque lo cierto es que como éste, se vienen produciendo muchos, demasiados, casi cada fin de semana. Lo que ocurre es que ya el cívico ciudadano de la calle empieza a estar harto de este tipo de inseguridad, y se corre el riesgo de que todo ello pueda degenerar en otro problema de carácter racista o xenófobo. A las autoridades corresponde poner coto a esta situación...

Mayo, 2005

Atención a las víctimas de la inseguridad

Es lamentable, si no alarmante, que en la ciudad se produzcan 262 robos, 43 estafas, 369 hurtos y 2 agresiones sexuales ¡diariamente! Los datos los ha facilitado el concejal socialista responsable de asuntos de seguridad, **Óscar Iglesias**, quien ha pedido la creación de un Servicio Municipal de Atención a las Víctimas en cada uno de los 21 distritos de la capital. El Área de Seguridad del Ayuntamiento argumenta que ya existen 21 oficinas fijas de estas características, y otras 23 móviles. Pues sea como sea, a tenor de las cifras expuestas, se me antoja insuficiente, y no creo que haya que conformarse. Esperemos que junto con la Policía Nacional, nuestros agentes municipales, bien preparados y capacitados, con su presencia en las calles y su nuevo "look" que los hará más visibles, puedan disuadir a tanto raquero y delincuente como anda suelto. Y si de paso los pillan, que es lo que también se debería conseguir, mejor que mejor...

Octubre, 2005

El mundo al revés; agresiones y violencia

El mundo al revés. Un descerebrado golpea a una chica ecuatoriana, y por el hecho de salir grabado en una cámara se crea una alarma social tal que todo el mundo habla de racismo y xenofobia —términos, por cierto, que, por manidos, a menudo se emplean indebidamente—; ahora bien, un negrito brasileño mata a un taxista blanco en Madrid, y nadie habla ya de racismo, sino que simplemente se organiza una concentración gremial en la plaza de Neptuno, y se colapsa la ciudad como tal cosa. Eso sí, del pasajero testigo presente en la primera agresión, que ni se inmuto por si acaso, todo el mundo habla de cobardía y nula conciencia ciudadana, pero si le da por mediar y el agresor sale malparado, entonces el peso de la ley se le vendría encima de manera indefectible; o peor, lo que le ocurrió posteriormente a otro ciudadano en el Metro de Madrid, que sí intervino en una disputa "de género" y acabó muerto de un golpe, pero de esto no se habla. Otro caso: tres inmigrantes marroquíes violan a una mujer, y tal vez por aquello del "enriquecimiento cultural" nadie habla de racismo, sino que momentáneamente se les arresta, menos mal, y hasta la próxima...

Octubre, 2007

Nueva señalización y marcas viales

Nuestro Consistorio va a invertir más de 3,4 millones de euros en el mantenimiento e instalación de nuevos elementos de señalización y marcas viales, a fin de mejorar la seguridad vial de viandantes y conductores.

Agosto/Septiembre, 2012

La tragedia de Halloween

Pánico es el que se tuvo que vivir en el recinto Madrid Arena con motivo de una extraña celebración que nada tiene que ver con nuestra cultura y tradición. Halloween (...) es una realidad que está ahí, y que una parte de nuestra juventud quiso celebrar con una macrofiesta que acabó en tragedia, con cuatro víctimas mortales además de otros heridos. (...) Y en estas nos encontramos ya con la dimisión del vicealcalde, **Miguel Ángel Villanueva**, después de la del concejal de Economía, Empleo y Participación Ciudadana, **Pedro Calvo**.

Diciembre, 2012/Enero, 2013

Madrid ha sido la ciudad más azotada
por la barbarie terrorista.
Para recordar y apoyar a las víctimas
el Ayuntamiento dedicará una placa
a cada una de ellas
en lo que será el "Itinerario de la libertad".
En la imagen, el lugar del atentado de Vallecas
del 11 de diciembre de 1995,
que se saldó con 17 heridos
y 6 trabajadores muertos.

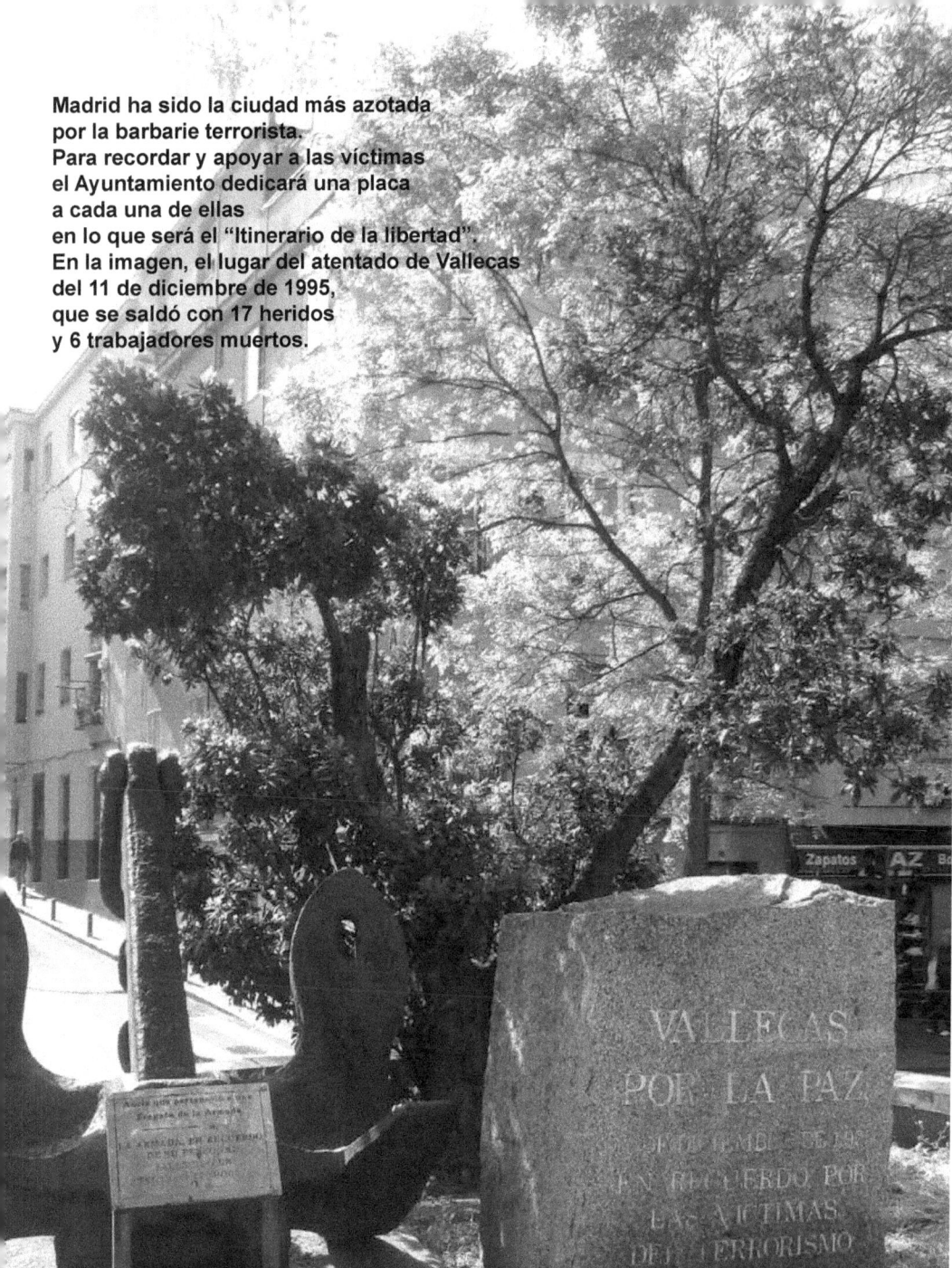

SOCIEDAD, EMIGRACIÓN
Y
TERRITORIO

Primer aniversario del trágico atentado del 11-M

Acabamos de cumplir el primer aniversario del trágico atentado del 11-M, y éste es un momento en el que sólo nos cabe recordar lo ocurrido y estar al lado de las víctimas, de la forma más digna y humana posible; y rezar por todas ellas quien crea, sepa, quiera y pueda, si es que le dejan (...) Sus Majestades los Reyes de España inauguraron en el Retiro el Bosque de los Ausentes, con 192 cipreses y olivos, en recuerdo de cada uno de los fallecidos, rodeados de una lámina de agua como símbolo de vida. Nuestro alcalde, **Alberto Ruiz-Gallardón**, asistió a la estación de Atocha, epicentro de la masacre, a guardar un respetuoso minuto de silencio. La presidenta de la Comunidad de Madrid, **Esperanza Aguirre**, depositó una corona de laurel en la fachada de la sede autónoma de la Puerta del Sol (...) Nuestra catedral de la Almudena fue escenario de un funeral, con la asistencia de las principales autoridades nacionales. Y en fin, que toda España tuvo un emocionado y respetuoso gesto, en un día que era para llorar y lamentarse por lo ocurrido. Y ahí se acabó todo...

Marzo, 2005

La población inmigrante

Mis dudas tengo sobre la certeza de los datos ofrecidos sobre el descenso en Madrid de la población emigrante, que parece tener un tufillo más que político, por aquello de servir de excusa para reducir en unos 200 milloncejos de euros el actual sistema de financiación autonómica. Y es que basta con bajar al suburbano, para darse cuenta de que parece que es uno el extranjero en tierra propia, porque somos minoría entre tanto rumano, marroquí, senegalés, colombiano, o vaya usted a saber. Bienvenidos todos, siempre que sean legales y demás, pero no somos menos, sino todo lo contrario...

Septiembre, 2006

Táctica laicista

Me niego a contribuir a esa táctica laicista de convertir en normal lo que sencillamente no lo es. Y no dedicaría ni una sola y mísera línea, porque no la merece (...) Esa especie de mamarrachada, en la que un grupo de plumas, plataformas y demás nos muestran sus interioridades, exige el respeto que ellos/as no tienen para con los demás, con ofensas de diversa índole, por unas calles cortadas expresamente para el despropósito y el espectáculo, algo que difícilmente puede conseguir cualquier otro colectivo. Qué curioso que tengan tanta animadversión predicada públicamente y a los cuatro vientos contra la Iglesia Católica, y nada demuestren contra otras religiones en las que simplemente por ser como son, serían condenados/as a muerte. Recientemente han ejecutado en Irán a varios/as de ellos/as, y estoy a la espera de ver las enérgicas manifestaciones y protestas; y puedo seguir sentado –como en otros muchos casos, como el "nunca mais", el "no a la guerra" y demás-, por aquello de las alianzas de civilizaciones, o la tolerancia,..., y porque, claro, allí matan, y aquí no...

Julio/Agosto, 2007

La necesidad de redescubrir España

La España más negra que jamás se haya podido imaginar la hemos visto en una foto del diario "El Mundo": un hombre asesinado en la calle, y sus amigos, a escasos metros del escenario, incapaces de interrumpir una partida de mus una vez sustituido el infortunado jugador. Sin objetivo común, con zonas en las que el Estado no ejerce, e incluso algunas en las que sencillamente no existe, no se puede hablar de España. Ya no existe. Por eso aprovecho el nuevo año para reivindicar la necesidad de redescubrirla. Y ahora nos sale la teórica capital del Reino, Madrid, ciudad sin ley. La toma de una comisaría de la Policía Municipal, en pleno centro, demuestra el estado de degradación al que estamos llegando. Si no se es capaz de mantener el orden, no podemos hablar ya de libertad, y obligarán a la propia ciudadanía a tenerse que defender, como si esto fuese el *far west*. Grupos radicales de izquierdas, a los que se les está dejando crecer y organizarse hasta en el fútbol, campan impunemente por las calles, pintan fachadas de comercios y establecimientos con sus mensajes rancios e intimidatorios, se manifiestan pública y autorizadamente, y encima son defendidos por algunos de nuestros representantes. Pues bien, los desperfectos originados, ¡que los paguen ellos, o sus familias! Dice el director general de Tráfico, **Pere Navarro**, que por tocar sencillamente el GPS del coche, nos van a sancionar con 200 euros y tres puntos. ¿Y por romper bancos y marquesinas, embadurnar calles, insultar e intimidar al prójimo, provocar en una palabra, qué? Ná, que diría el castizo.

Enero, 2009

Los indignados del 15-M

¡Indignados! ¡Ahora dicen que están indignados! ¡Un minúsculo grupo de posibles bien intencionados, rodeados de un ejército de frustrados "ni-nis" debidamente consignados están indignados! Y como están tan indignados han tomado la céntrica Puerta del Sol, saltándose incluso la ley (…)

Indignados tienen que estar muchos trabajadores madrileños que buscan con qué ganarse el pan a diario y no lo encuentran. ¡Ni una pancarta en Sol pidiendo trabajo! Eso sí, lo quieren todo y ya (…)

95

Más que indignados están los comerciantes del centro de Madrid, que están viendo reducidos sus ingresos en un 50% y hasta un 70%, por las molestias que causa tanto "indignado" acampado, que impide el normal desarrollo de su actividad.

Muy indignado tendría que mostrarse cualquier viandante madrileño que quisiera clamar por sus derechos ciudadanos. La decisión de permitir la permanencia invasiva de esa muchachada, además de desobedecer y contravenir la orden de desalojo de la Junta Electoral, ha impedido a muchos ciudadanos de bien poderse pasear tranquilamente por un espacio público, además de privarles del normar ejercicio de una campaña electoral, jornada de reflexión incluida...

Mayo, 2011

El tirón de la JMJ

Madrid fue por unos días la capital del mundo, al menos del mundo joven, que no deja de ser el futuro. La Jornada Mundial de la Juventud atrajo a la Villa y Corte más de un millón y medio de peregrinos venidos de los cinco continentes (...) Aunque no es lo más importante, ha supuesto una cifra histórica para el turismo de la capital, que se ha traducido en un incremento del 30% de la ocupación hotelera, habiéndose generado 2.700 empleos, con una aportación al PIB de la ciudad calculada entre 100 y 160 millones de euros, además del enorme impacto que ha tenido la capital de España en todo el mundo...

Septiembre, 2011

Se levanta el campamento de Sol

El mes de agosto nos ha dejado el levantamiento del poblado chabolista de los "indignados" en Sol, y con ello nuestros servicios de limpieza viaria se han encontrado con más de 20 tone-

96

ladas de residuos (...) Y por si fuera poco, hemos sabido que las algaradas, actuaciones y acampadas han supuesto para los comerciantes del kilómetro cero, unas pérdidas en torno a los 90 millones de euros, según estimaciones del presidente de la Cámara de Comercio de Madrid, **Arturo Fernández**.

Septiembre, 2011

Integración de personas marginadas

Más de un millón de euros irá a parar a la integración de personas marginadas, cuya atención se ha convertido en una de las prioridades del equipo de Gobierno municipal madrileño.

Agosto/Septiembre, 2012

Diez años del 11-M

La tragedia del 11-M alcanzó su décimo aniversario, y no faltó el recuerdo de todos a tan luctuoso acontecimiento terrorista que cambió el devenir de nuestra historia, no sólo de Madrid, sino sobre todo de España. Los actos conmemorativos se celebraron con total solemnidad.

Abril/Mayo, 2014

"Itinerario de la libertad" en recuerdo a las víctimas del terrorismo

El Pleno municipal ha aprobado de forma unánime una iniciativa de apoyo a las víctimas del terrorismo. (...) Madrid ha sido el escenario más azotado por esa barbarie, y las cifras son lacerantes: en los 40 últimos años han sido asesinadas 382 personas en 176 atentados. Ahora en nuestras calles se dedicará una placa conmemorativa a todas y cada una de las víctimas en el lugar donde fueron asesinadas, conformando así lo que se conocerá como "itinerario de la libertad".

1er Trimestre, 2015

AQUI VIVIO Y MURIO
MIGUEL DE CERVANTES SAAVEDRA
CUYO INGENIO ADMIRA EL MUNDO
FALLECIO EN MDCXVI

VISITAC
CASA
Nº 20

..."En esta ca
Miguel de C

En mayo de 2005,
el alcalde Ruiz-Gallardón
descubrió una placa en homenaje
a nuestro más insigne escritor,
Miguel de Cervantes.

ARTE Y CULTURA

Madrid, galardonada por "Europa Nostra"

Entre otros premios a ciudades españolas y europeas, la nuestra ha sido galardonada por Europa Nostra, por la cuidadosa restauración del histórico jardín de El Capricho y por la rehabilitación del eje turístico y cultural del Paseo del Prado-Bailén, que incluye la peatonalización de la calle Huertas...

Julio/Agosto, 2004

Recuperación de la iglesia románica de San Isidro

Se trata de una ermita románica del siglo XIII, que, tras la desamortización de Mendizábal, acabó trasladándose a Madrid, a finales del siglo XIX. Denominada como iglesia de San Isidro, está situada junto a la Montaña Artificial, rodeada de verde y musgo, y atacada por esos genuinos personajes que se dedican al "arte" del *graffiti*. Debido a su deterioro, el Ayuntamiento madrileño decidió incluirla en el Plan de Rehabilitación de Monumentos, en 1992. Y ahora existe un proyecto para recuperar lo que queda del templo, con un importe que supera los 27.000 euros. Todo un hallazgo para muchos, cuyo destino final está por ver...

Octubre, 2004

Placa en homenaje a Cervantes

Recientemente, el Alcalde descubrió una placa en homenaje y recuerdo de nuestro más insigne escritor, Miguel de Cervantes, en la casa donde vivió sus últimos días...

Mayo, 2005

Jardines de Debod y recuperación de la muralla cristiana medieval del siglo XII

El viandante tendrá también su espacio debidamente regulado en el trayecto comprendido entre la Plaza de España con los Jardines del Templo de Debod (…) Extenso y complejo, aunque no exento de interés, es el proyecto que tiene entre manos el Ayuntamiento para recuperar la muralla cristiana medieval del siglo XII —o más bien habría que decir lo que quede de ella—, así como las viviendas que se encuentran dentro de su perímetro…

Abril, 2006

La Escuela de Otoño

La oferta de la Escuela de Otoño, que ha sido presentada por la concejala de Medio Ambiente, **Ana Botella**, facilitará la visita de más de un centenar de paseos guiados por alguno de las parques históricos de la ciudad, como es el caso de la Casa de Campo, El Retiro, la Dehesa de la Villa, El Capricho, el bulevar ecológico de Vallecas y el Juan Carlos I…

Octubre, 2007

La UNESCO solicita protección para el templo de Debod

Amenazado por las circunstancias climáticas y la contaminación circundante, la UNESCO llegó a solicitar la protección del templo de Debod mediante la construcción de una cúpula de cristal. Y ahora, la Comunidad de Madrid ha aprobado declararlo Bien de Interés Cultural, atendiendo a la solicitud de los técnicos de la Dirección General de Patrimonio Histórico (…) Esperemos que de esta manera se salve de la civilización este templo, que fue construido en el año 200 antes de Cristo, en la Baja Nubia, y que estaba dedicado al dios Amón…

Abril, 2008

102

Rehabilitación del Centro Cultural Conde Duque

Tenemos a punto la conclusión de la rehabilitación del Centro Cultural Conde Duque, que albergará el Archivo de la Villa, la Hemeroteca y diversas salas para uso cultural, bibliotecas, exposiciones, música, danza, etc...

Mayo, 2010

Defensa de los toros

En plena Feria de San Isidro, es momento de valorar la defensa que está haciendo la Comunidad de Madrid de nuestra Fiesta Nacional. No sólo declarada bien de interés cultural en nuestra región, ha vivido un reconocimiento público en Las Ventas por parte de nuestra presidenta, **Esperanza Aguirre**, quien ha homenajeado a los 26 toreros que han salido a hombros en nuestro coso desde 1995...

Mayo 2010

ArteMadrid, OpenStudio y Semana de la Arquitectura

Las exposiciones de ArteMadrid dedicadas a artistas contemporáneos y modernos, los espacios de trabajo de diferentes creadores OpenStudio y la Semana de la Arquitectura (del 1 al 7 de octubre), son una magnífica oportunidad para un público con inquietudes y mejor formado.

Agosto/Septiembre, 2012

"12 Alcaldes de Madrid, antes y después de la transición"

Para mejor comprensión, el libro "12 Alcaldes de Madrid, antes y después de la transición", de **Luis Prados de la Plaza**, cronista oficial de la Villa y en alguna ocasión colaborador de la Revista EL ALCALDE.

Febrero/Marzo, 2014

Hasta en tres ocasiones consecutivas
Madrid ha aspirado a ser la ciudad organizadora
de unos Juegos Olímpicos.
A pesar del apoyo general del público
y de las instituciones,
no ha sido posible sacar el proyecto adelante,
con la consiguiente decepción.

DEPORTES

Sintonía del Gobierno con el Ayuntamiento ante las estructuras olímpicas

Obligado es agradecer el comportamiento unitario y en una misma dirección, tanto de la Corona como del Gobierno español, así como del de la Comunidad madrileña, todos ellos en sintonía con el Ayuntamiento de la ciudad, cuyo alcalde, **Alberto Ruiz-Gallardón**, no pudo por menos que mostrarse satisfecho, subrayando que el 70 por ciento de las instalaciones deportivas están ya terminadas o adjudicadas, con una clara apuesta por la modernidad, la accesibilidad y el medio ambiente...

Febrero, 2005

Carta Verde 2012

Es muy novedosa la iniciativa municipal de crear un Fondo Olímpico para la Biodiversidad, que pretende destinar el 1 por ciento del presupuesto de todas las obras olímpicas al enriquecimiento sostenible de la ciudad (...) Con estos fondos se podrán, por ejemplo, adquirir espacios de alto valor ecológico, y poderlos dedicar a uso público, o destinarlos a la reconversión de espacios degradados, en nuevas zonas verdes (...) Esta idea en favor de la sostenibilidad medioambiental está incluida en la denominada Carta Verde Madrid 2012, presentada recientemente por el Alcalde, y que contempla otras actuaciones, tales como la puesta en marcha de un voluntariado ambiental, a fin de extender las buenas prácticas ecológicas a todos aquellos que acudan a los diversos acontecimientos deportivos...

Febrero, 2005

Razones políticas han hecho naufragar nuestra candidatura olímpica para 2012

Al final, en las votaciones, han pesado sobremanera cuestiones más políticas que otra cosa (...) Poca o ninguna culpa tienen nuestras autoridades municipales y regionales, pero es lo que hay (...) Como español y madrileño, albergaba la esperanza de que nuestra candidatura olímpica fuese reconocida como la mejor, pues no en vano así nos decían que era (...) La balanza americana no hizo más que inclinarse a favor de quienes han sido fieles amigos y aliados en otras cuestiones de política internacional, y a los españoles, como a los franceses, nos han dejado con el banderín en la mano...

Julio/Agosto, 2005

Acuerdo con el "tercer equipo" de la ciudad de Madrid

La firma del acuerdo alcanzado entre el Alcalde madrileño **Ruiz-Gallardón** y la presidenta de la Comunidad, **Esperanza Aguirre**, con la del Rayo Vallecano, **Teresa Rivero**, va a hacer posible que por fin el "tercer" equipo de la capital tenga su propia Ciudad Deportiva, un sueño largamente perseguido en el tiempo, que va a beneficiar en un futuro próximo a los más de 300.000 vecinos de los distritos de Puente y Villa de Vallecas, a los que se sumarán otros 75.000 futuros residentes en el nuevo barrio del Ensanche...

Marzo, 2006

Nuevos intentos a favor de la candidatura olímpica Madrid 2016

Recientemente, nuestras autoridades municipales han tenido ocasión de presentar nuestra candidatura en Asia, en el que dicen que ha sido un gesto muy valorado por el Comité Olímpico Internacional (COI). A ver si es verdad. Allí, concretamente en Bali (Indonesia), el Alcalde subrayó la fiabilidad de nuestro programa, que ya cuenta con un 70% de las instalaciones en marcha. Pocas semanas antes ya había hecho lo propio en la mejicana localidad de Acapulco. Y próximamente lo hará en Estambul, Nigeria y Nueva Zelanda. Así, hasta llegar a la fecha del 12 de febrero de 2009, en la que se entregará el dossier olímpico en Lausana; después, entre el 4 y el 9 de mayo, una comisión del COI visitará Madrid para conocer en vivo y en directo nuestro proyecto; y finalmente, el 2 de octubre, la asamblea del COI votará la designación de la ciudad elegida...

Noviembre/Diciembre, 2008

Próxima cita, en 2020

Acabaron con nuestra ilusión olímpica de un plumazo. Las votaciones tienen estas cosas, máxime cuando hay intereses por medio de todo tipo (...). Está clarísimo que la nominación no se la ha llevado la ciudad más preparada y más seria. Ya ocurrió anteriormente. Cuando Londres salió elegido para 2012, apenas sí contaba con un proyecto virtual, y poco más. Ahora se lo ha llevado Río de Janeiro, que probablemente sea una de las ciudades más inseguras del mundo, con unos índices de delincuencia y de pobreza elevadísimos. Y nuestro Madrid, mucho más preparado, se vuelve a quedar en puertas a causa de las rotaciones. La mayor parte de las instalaciones están construidas, después de un gigantesco esfuerzo realizado (...) Si algo no ha habido en este proceso final ha sido espíritu olímpico. Poco menos que las votaciones se trabajaban por los pasillos, con delegaciones muy numerosas intentando convencer a los demás de lo que todo el mundo ya sabía. Y al final, batacazo para Madrid. Y algunos pensando ya en 2020...

Octubre/Noviembre, 2009

Madrid vuelve a la escena olímpica

El equipo de gobierno municipal ha decidido su vuelta a la escena olímpica, y aunque en esta ocasión no se puede hablar de unanimidad en el apoyo político a la idea, sí de amplio respaldo a la misma (...) Teniendo tantas instalaciones ya construidas, apenas hará falta inversión alguna...

Julio/Agosto 2011

Todavía aspirante olímpica

Habrá que compensar el esfuerzo que están realizando nuestros representantes para que Madrid pase de ser aspirante a candidata para organizar los Juegos de 2020. Cuentan que la reciente presentación técnica que ha tenido lugar en Moscú, ha generado un halo de optimismo en la delegación madrileña. (...) «No hay mejor proyecto para levantar el país que Madrid 2020», ha dicho el presidente de la candidatura y del Comité Olímpico Español, **Alejandro Blanco**.

Abril, 2012

Ya somos candidatos

Hemos regresado de Québec, donde se ha confirmado nuestra candidatura olímpica, más allá de la mera aspiración con la que fuimos. Hemos pasado el "corte", y además lo hemos hecho con un notable, por encima de nuestras competidoras Tokio y Estambul, habiéndose quedado fuera de la lucha Doha y Bakú. Según los expertos del Comité Olímpico Internacional (COI), Madrid presenta muy buenos registros en instalaciones y concepto de Juegos, experiencia deportiva, medio ambiente, energía y telecomunicaciones; y nuestro punto débil se refiere a nuestra situación económica

Mayo, 2012

El fútbol y "sus" fuentes

Este año, y va de deporte y fuentes la cosa, nuestra Villa y Corte ha estado plagada de acontecimientos en forma de celebración. El Real Madrid -ya saben, el mejor club del siglo XX al menos- se hizo con el título de Liga, y todos los merengues se fueron al amparo de la diosa Cibeles. El Atlético de Madrid conquistó el único titulo europeo de la temporada que se ha logrado este año por alguno de los nuestros, y además lo hizo ante otro equipo tan español como el Athlétic de Bilbao, y ahí estuvieron ávidos todos los colchoneros para tomar Neptuno. Y el tercero en discordia, el Rayo Vallecano, después de una aparente desahogada campaña, logró una agónica salvación que supo a victoria, y la afición franjirroja no dudó en ocupar las inmediaciones de la Asamblea de Madrid. Estamos ante un peculiar hábito que se ha puesto de moda, éste de hacer suya una fuente emblemática de la ciudad como punto de reunión festiva, cueste lo que cueste. Y es que estas licencias tienen su coste para las arcas públicas.

Mayo, 2012

Canal de Remo Madrid Río

Madrid comienza su cuenta atrás en su carrera para organizar los Juegos Olímpicos de 2020, y lo ha hecho con la inauguración del Canal de Remo Madrid Río, un espacio navegable de 1.300 metros de longitud especialmente indicado para la práctica de este deporte. Todavía queda un año por delante, hasta la fecha del 7 de septiembre de 2013, en Buenos Aires, en la que se elegirá la ciudad organizadora.

Agosto/Septiembre, 2012

111

Madrid, a punto para los Juegos de 2020

El exámen lo hemos pasado incluso con buena nota. Aún así, no hay que fiarse. En ocasiones hay muchos intereses de por medio que pueden dar al traste con cualquier proyecto, por muy acertado y equilibrado que sea. También tenemos experiencia en ello. Pero al menos hemos iniciado la carrera con buen pie. (…) Madrid puede y debe organizar los Juegos de 2020. Es cierto que tenemos mucho recorrido ganado. En época de crisis y recesión, es muy reconfortante poder decir que el 80% del trabajo necesario en infraestructuras está ya realizado, pues ello significa que no serán necesarias grandes inversiones por este concepto. (…) Y la guinda la ha terminado de rematar nuestra Casa Real, con el Príncipe **Don Felipe** como paladín, quien aseguró que «queremos escribir otra brillante página de la historia olímpica. Queremos engrandecer su legado para Madrid, para España y para toda la humanidad».

Marzo, 2013

Bofetón olímpico y punto final

En la recta final, Madrid, y con ella España, quedó eliminada a las primeras de cambio en su propósito de organizar los Juegos Olímpicos de 2020. (…) Teníamos una muy buena candidatura, positivamente austera para los tiempos de crisis que corren, con el 80% de las instalaciones construidas, con una pléyade de deportistas de élite mundial defendiendo el cartel español, y con un 91% de españoles respaldando nuestras aspiraciones, a la cabeza de los cuales se encontraba nuestro Príncipe **Don Felipe**, que también ha sido olímpico. Frente a nuestra certeza y seguridad ante tales consideraciones, teníamos a dos ciudades complicadamente defendibles más allá del papel como eran Tokio y Estambul, sin nada tangible que ofrecer en cuanto a realidades en instalaciones y apoyo popular, e incluso inmersas en problemas de gran calado. (...) Pues con esta situación y en ese contexto, ambas se disputaron la nominación, y Madrid tuvo que doblar la rodilla y tragar saliva. (...) Tokio organizará unos Juegos que debieron ser nuestros, y ya nuestra alcaldesa, **Ana Botella**, ha hecho pública nuestra renuncia a una cuarta candidatura consecutiva, quizás exhausta (la candidatura) de tanto esfuerzo baldío, y que ya sí iba a precisar de fuertes inversiones, pues nuestras actuales infraestructuras empezarían a quedar obsoletas para lo que se pretende en el año 2024.

Agosto/Septiembre, 2013

CONCEJALES ELEGIDOS

Concejales del Ayuntamiento en 2003

Equipo de Gobierno Municipal:

Alberto Ruiz-Gallardón (Alcalde).

Manuel Cobo Vega (Vicealcalde, Primer Teniente de Alcalde).

Pío García-Escudero Márquez (Segundo Teniente de Alcalde y Concejal de Urbanismo, Vivienda e Infraestructuras).

Ana María Botella Serrano (Tercera Teniente de Alcalde y Concejala de Empleo y Servicios al Ciudadano).

Juan Bravo Rivera (Concejal de Hacienda y Administración Pública).

María del Pilar Martínez López (Concejala de Economía y Participación Ciudadana).

Pedro Luis Calvo Poch (Concejal de Seguridad y Servicios a la Comunidad).

Paz González García (Concejala de Medio Ambiente y Servicios a la Ciudad).

Alicia Moreno Espert (Concejala de Las Artes).

Patricia Lázaro Martínez de Morentín (Concejala de Coordinación Institucional).

Juan Manuel Berzal Andrade (Concejal de Coordinación Territorial).

Ana María Román Martín (Concejala de Estudios y Programas).

Sigfrido Herráez Rodríguez (Concejal de Vivienda).

María Begoña Larráinzar Zabala (Concejala de Personal).

Concejales de Distrito:

Distrito de Centro: **Luis Asúa Brunt**.

Distrito de Arganzuela: **Eva Durán Ramos**.

Distrito de Retiro: **Elena González Moñux**.

Distrito de Salamanca: **Íñigo Enríquez de Luna**.

Distrito de Chamartín: **Luis Miguel Boto Martínez**.

Distrito de Tetuán: **Mª Dolores Navarro Ruiz**.

Distrito de Chamberí: **Ángel Garrido García**.

Distrito de Fuencarral-El Pardo: **Paloma García Romero**.

Distrito de Moncloa-Aravaca: **Manuel Troitiño Pelaz**.

Distrito de Latina: **Nieves Sáez de Adana**.

Distrito de Carabanchel: **Carlos Izquierdo Torres**.

Distrito de Usera: **Jesús Moreno Sánchez**.

Distrito de Puente de Vallecas: **Eva Durán Ramos**.

Distrito de Moratalaz: **Fátima Núñez Valentín**.

Distrito de Ciudad Lineal: **Mª Elena Sánchez Gallar**.

Distrito de Hortaleza: **Sandra Mª de Lorite Buendía**.

Distrito de Villaverde: **Carlos Izquierdo Torres**.

Distrito de Villa de Vallecas: **Ángel Garrido García**.

Distrito de Vicálvaro: **Carmen Torralba González**.

Distrito de San Blas: **José Enrique Núñez Guijarro**.

Distrito de Barajas: **José Tomás Serrano Guío**.

Concejales del PSOE:

Trinidad Jiménez García-Herrera (Portavoz).

Félix Arias Goytre

Elena Arnedo Soriano

Enrique Carlos Barón Crespo

Miguel Conejero Melchor

Ignacio Díaz Plaza

Mª Pilar Estébanez Estébanez

Manuel García-Hierro Caraballo

Joaquín García Pontes

Pedro Javier González Zerolo

Mª Teresa Hernández Rodríguez

Oscar Iglesias Fernández

Rosa León Conde

Noelia Martínez Espinosa

Rafael Merino López-Brea

José Manuel Rodríguez Martínez

Marta Mª Rodríguez-Tarduchy Díez

Mª Carmen Sánchez Carazo

Pedro Santín Fernández

Ramón Silva Buenadicha

Isabel María Villalonga Elviro

Concejales de IU:

Inés Sabanés Nadal (Portavoz).

Justo Calcerrada Bravo

Concepción Denche Morón

Julio Misiego Gascón

Secretario General del Ayuntamiento: **Paulino Martín Hernández**.

117

Concejales del Ayuntamiento en 2007

Alberto Ruiz-Gallardón (Alcalde).

Manuel Cobo (Vicealcalde y Portavoz del PP).

Ana Botella (Segunda Teniente de Alcalde y Delegada de Medio Ambiente).

Juan Bravo (Tercer Teniente de Alcalde)

Pilar Martínez (Delegada de Urbanismo y Vivienda).

Pedro Calvo (Delegado de Movilidad y Seguridad).

Paz González (Delegada de Obras y Espacios Públicos).

Alicia Moreno (Delegada de Las Artes).

Miguel Ángel Villanueva (Delegado de Economía y Empleo).

Concepción Dancausa (Delegada de Familia y Asuntos Sociales).

Patricia Lázaro (Titular del Área de Coordinación Institucional y Secretaria de la Comisión Preparatoria).

José Manuel Berzal (Titular del Área de Coordinación Territorial).

Ana Román (Titular de Coordinación de Estudios y Relaciones Externas).

Sandra María de Lorite (Titular del Área Delegada de Participación Ciudadana).

Concejales de Distrito:

Distrito de Centro: **José Enrique Núñez Guijarro**

Distrito de Arganzuela: **María Dolores Navarro Ruiz**

Distrito de Retiro: **Luis Asúa Brunt**

Distrito de Salamanca: **Íñigo Henríquez de Luna**

Distrito de Chamartín: **Luis Miguel Boto Martínez**

Distrito de Tetuán: **Paloma García Romero**

Distrito de Chamberí: **Mª Isabel Martínez-Cubells**

Distrito de Fuencarral-El Pardo: **Elena González Moñux**

Distrito de Moncloa-Aravaca: **Álvaro Ballarín Valcárcel**

Distrito de Latina: **Mª Begoña Larrainzar Zaballa**

Distrito de Carabanchel: **Carlos Izquierdo Torres**

Distrito de Usera: **Jesús Moreno Sánchez**

Distrito de Puente de Vallecas: **Eva Durán Ramos**

Distrito de Moratalaz: **Fernando Martínez Vidal**

Distrito de Ciudad Lineal: **Manuel Troitiño Pelaz**

Distrito de Hortaleza: **Mª Elena Sánchez Gallar**

Distrito de Villaverde: **Joaquín Martínez Navarro**

Distrito de Villa de Vallecas: **Ángel Garrido García**

Distrito de Vicálvaro: **Carmen Torralba González**

Distrito de San Blas: **Mª del Carmen González**

Distrito de Barajas: **José Tomás Serrano**

Concejales del PSOE:

Pilar Gallego (Portavoz).

Oscar Iglesias.

Noelia Martínez.

Pedro Zerolo.

Isabel Vilallonga.

David Lucas.

Ángeles Álvarez.

Manuel García-Hierro.

Mercedes del Palacio.

Ramón Silva.

Ana de Sande.

Pedro Santín.

Carmen Sánchez Carazo.

Pedro Sánchez.

Rosa León.

Pablo García Rojo.

Mª Dolores del Campo.

José Manuel Rodríguez.

Concejales de IU:

Ángel Pérez (Portavoz).

Ángel Lara.

Milagros Hernández.

Raquel López.

Daniel Álvarez.

Concejales del Ayuntamiento en 2011

Gobierno Municipal:

Alberto Ruiz-Gallardón (Alcalde).

Manuel Cobo (Vicealcalde y Portavoz del Gobierno y Secretario de la Junta).

Ana Botella (Segunda Teniente de Alcalde y Delegada de Medio Ambiente y Movilidad).

Juan Bravo (Tercer Teniente de Alcalde y Delegado de Hacienda y Administración Pública).

Pedro Calvo (Cuarta Tenencia de Alcaldía y Delegado de Seguridad).

Paz González (Presidencia del Pleno).

Pilar Martínez (Delegada de Urbanismo y Vivienda).

Alicia Moreno (Delegada de Las Artes).

Miguel Ángel Villanueva (Delegado de Economía, Empleo y Participación Ciudadana).

Concepción Dancausa (Delegada de Familia y Servicios Sociales).

Áreas de Coordinación:

Patricia Lázaro Martínez de Morentín (Delegada del Área de Coordinación Institucional y Secretaría de la Comisión Preparatoria).

José Manuel Berzal Andrade (Delegado de Coordinación Territorial).

Ana María Román Martín (Delegada de Coordinación de Estudios y Relaciones Externas).

Concejales de Distrito:

Distrito de Centro: **José Enrique Núñez Guijarro**.

Distrito de Arganzuela: **María Dolores Navarro**.

Distrito de Retiro: **Ángel Garrido García**.

Distrito de Salamanca: **Fernando Martínez Vidal**.

Distrito de Chamartín: **Luis Miguel Boto Martínez**.

Distrito de Tetuán: **Paloma García Romero**.

Distrito de Chamberí: **Luis Asúa Brunt**.

Distrito de Fuencarral-El Pardo: **Elena González Moñux**.

Distrito de Moncloa-Aravaca: **Álvaro Ballarín Valcárcel**.

Distrito de Latina: **Paloma García Romero**.

Distrito de Carabanchel: **Carlos Izquierdo Torres**.

Distrito de Usera: **Jesús Moreno Sánchez**.

Distrito de Puente de Vallecas: **Eva Durán Ramos**.

Distrito de Moratalaz: **Begoña Larraínzar Zaballa**.

Distrito de Ciudad Lineal: **Elena Sánchez Gallar**.

Distrito de Hortaleza: **Isabel Martínez Cubells**.

Distrito de Villaverde: **Joaquín Martínez Navarro**.
Distrito de Villa de Vallecas: **Ángel Garrido García**.
Distrito de Vicálvaro: **Carmen Torralba González**.
Distrito de San Blas: **David Erguido Cano**.
Distrito de Barajas: **Josefa Aguado del Olmo**.

Concejales del PSOE:

Jaime Lissavetzky (Portavoz).
Ruth Porta.
Diego Cruz.
Noelia Martínez.
Francisco Cabaco.
Ana de Sande.
Pablo García-Rojo.
Marcos Sanz.
Ana García D'Atri.
Pedro Zerolo.
Carmen Sánchez Carazo.
Gabriel Calles.
Alberto Mateo.
Marisa Ybarra.
Luis Llorente.

Concejales de IU:

Ángel Pérez (Portavoz)
Ángel Lara.
Milagros Hernández.
Jorge García Castaño.
María del Prado de la Mata.
Raquel López.

Concejales de UPyD:

David Ortega (Portavoz).
Jaime de Berenguer (Portavoz adjunto).
Cristina Chamorro.
Patricia García López.
Mariano Palacios.

Concejales del Ayuntamiento en 2012

Gobierno Municipal:

Ana Botella Serrano (Alcaldesa).

Miguel Ángel Villanueva (Vicealcalde, Primer Teniente de Alcalde, Portavoz del Gobierno y coordinador de las Juntas de Distrito).

Concepción Dancausa (Segunda Teniente de Alcalde y Delegada de Hacienda).

Pedro Calvo (Tercer Teniente de Alcalde, Delegado de Economía, Empleo y Participación Ciudadana, y Portavoz del Grupo Popular).

Antonio de Guindos (Delegado de Medio Ambiente, Seguridad y Movilidad).

Fernando Villalonga (Delegado de Las Artes).

Paz González (Delegada de Urbanismo).

María Dolores Navarro (Delegada de Asuntos Sociales).

Ángel Garrido (Presidencia del Pleno).

Áreas de Coordinación:

Mª Isabel Martínez-Cubells Yraola (Delegada del Área de Comunicación).

Diego Sanjuanbenito Bonal (Delegado del Área de Estudios).

Patricia Lázaro Martínez de Moretín (Delegada del Área Institucional e Internacional).

Concejales de Distrito:

Distrito de Centro: **José Enrique Núñez Guijarro**.

Distrito de Arganzuela: **Mª del Carmen Rodríguez Flores**.

Distrito de Retiro: **Ana Román Martín**.

Distrito de Salamanca: **Fernando Martínez Vidal**.

Distrito de Chamartín: **Luis Miguel Boto Martínez**.

Distrito de Tetuán: **Paloma García Romero**.

Distrito de Chamberí: **Pedro María Corral Corral**.

Distrito de Fuencarral-El Pardo: **José Antonio González de la Rosa**.

Distrito de Moncloa-Aravaca: **Álvaro Ballarín Valcárcel**.

Distrito de Latina: **José Manuel Berzal Andrade**.

Distrito de Carabanchel: **Carlos Izquierdo Torres**.

Distrito de Usera: **Jesús Moreno Sánchez**.

Distrito de Puente de Vallecas: **Eva Durán Ramos**.

Distrito de Moratalaz: **Begoña Larraínzar Zaballa**.

Distrito de Ciudad Lineal: **Elena Sánchez Gallar**.

Distrito de Hortaleza: **Almudena Maíllo del Valle**.

Distrito de Villaverde: **Joaquín Martínez Navarro**.

Distrito de Villa de Vallecas: **Manuel Troitiño Pelaz**.

Distrito de Vicálvaro: **Carmen Torralba González**.

Distrito de San Blas: **David Erguido Cano**.

Distrito de Barajas: **Josefa Aguado del Olmo**.

Concejales del PSOE:

Jaime Lissavetzky (Portavoz).

Ruth Porta.

Diego Cruz.

Noelia Martínez.

Francisco Cabaco.

Ana de Sande.

Pablo García-Rojo.

Marcos Sanz.

Ana García D'Atri.

Pedro Zerolo.

Carmen Sánchez Carazo.

Gabriel Calles.

Alberto Mateo.

Marisa Ybarra.

Luis Llorente.

Concejales de IU:

Ángel Pérez (Portavoz)

Ángel Lara.

Milagros Hernández.

Jorge García Castaño.

María del Prado de la Mata.

Raquel López.

Concejales de UPyD:

David Ortega (Portavoz).

Jaime de Berenguer (Portavoz adjunto).

Cristina Chamorro.

Patricia García López.

Mariano Palacios.

ÍNDICE

ORDEN TEMÁTICO DEL LIBRO

ESTRUCTURA CRONOLÓGICA

Cuestiones Institucionales

Economía, Empleo y Turismo

Vivienda

Infraestructuras y Alumbrado

Medio Ambiente y Servicios a la Ciudad

Movilidad, Circulación, Transporte y Nuevas Tecnologías

Seguridad y Servicios a la Comunidad

Sociedad, Emigración y Territorio

Arte y Cultura

Deportes

Concejales elegidos